"智慧职教"服务指南

"智慧职教"(www.icve.com.cn)是由高等教育出版社建设和运营的职业教育数字教学资源共建共享平台和在线课程教学服务平台,与教材配套课程相关的部分包括资源库平台、职教云平台和 App 等。用户通过平台注册,登录即可使用该平台。

● 资源库平台:为学习者提供本教材配套课程及资源的浏览服务。

登录"智慧职教"平台,在首页搜索框中搜索"混合动力汽车技术",找到对应作者主持的课程,加入课程参加学习,即可浏览课程资源。

● 职教云平台:帮助任课教师对本教材配套课程进行引用、修改,再发布为个性化课程(SPOC)。

1. 登录职教云平台,在首页单击"新增课程"按钮,根据提示设置要构建的个性化课程的基本信息。

2. 进入课程编辑页面设置教学班级后,在"教学管理"的"教学设计"中"导入"教材配套课程,可根据教学需要进行修改,再发布为个性化课程。

● App:帮助任课教师和学生基于新构建的个性化课程开展线上线下混合式、智能化教与学。

1. 在应用市场搜索"智慧职教 icve" App,下载安装。

2. 登录 App,任课教师指导学生加入个性化课程,并利用 App 提供的各类功能,开展课前、课中、课后的教学互动,构建智慧课堂。

"智慧职教"使用帮助及常见问题解答请访问 help.icve.com.cn。

职业教育新能源汽车类专业
新形态一体化教材

混合动力汽车

技术

主　编　谢　军　彭高颖　陈海军
副主编　史俊涛　陈小长
参　编　邓　府　林　松　钟桂林

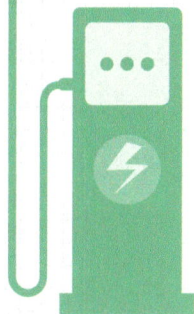

mooc
职业教育国家
在线精品课程

中国教育出版传媒集团
高等教育出版社·北京

内容简介

本书是2022年职业教育国家在线精品课程"混合动力汽车技术"的配套教材,也是职业教育新能源汽车类专业新形态一体化教材。

本书主要包括向客户介绍混合动力汽车、完成混合动力汽车维修作业准备、检修混合动力汽车电源系统、检修驱动电机及控制系统、检修混合动力汽车传动桥、检查与维护混合动力汽车热管理系统、检修混合动力汽车制动系统7个学习情境,设计有19个学习任务,按照项目教学的体例介绍混合动力汽车认知、高压防护、作业准备、总成维修等工作过程的知识、技能点。同时,本书编写团队开发的在线开放课程"混合动力汽车技术"获评2022年职业教育国家在线精品课程,为广大师生提供了丰富的数字资源,便于开展线上线下混合式教学及自主、泛在学习。学习者可通过扫描书中的二维码在线学习视频类资源,也可访问"智慧职教"平台(www.icve.com.cn)的"混合动力汽车技术"在线开放课程进行学习。

本书可作为职业院校新能源汽车技术、新能源汽车检测与维修技术、汽车检测与维修技术等相关专业的教学用书,也可供新能源汽车检测与维修技术人员学习和参考。授课教师如需本书配套的教学课件或有其他需求,可发送邮件至 gzjx@pub.hep.cn 获取。

图书在版编目(CIP)数据

混合动力汽车技术 / 谢军,彭高颖,陈海军主编 .--北京:高等教育出版社,2024.3(2025.2重印)
ISBN 978-7-04-061714-6

Ⅰ.①混… Ⅱ.①谢… ②彭… ③陈… Ⅲ.①混合动力汽车 – 高等职业教育 – 教材 Ⅳ.①U469.7

中国国家版本馆CIP数据核字(2024)第038868号

HUNHE DONGLI QICHE JISHU

| 策划编辑 姚 远 | 责任编辑 姚 远 | 封面设计 赵 阳 | 版式设计 童 丹 |
| 责任绘图 于 博 | 责任校对 王 雨 | 责任印制 赵 佳 | |

出版发行	高等教育出版社	网 址	http://www.hep.edu.cn
社 址	北京市西城区德外大街4号		http://www.hep.com.cn
邮政编码	100120	网上订购	http://www.hepmall.com.cn
印 刷	北京中科印刷有限公司		http://www.hepmall.com
开 本	787mm×1092mm 1/16		http://www.hepmall.cn
印 张	13		
字 数	300千字	版 次	2024年3月第1版
购书热线	010-58581118	印 次	2025年2月第2次印刷
咨询电话	400-810-0598	定 价	34.80元

本书如有缺页、倒页、脱页等质量问题,请到所购图书销售部门联系调换
版权所有 侵权必究
物 料 号 61714-00

前　言

《新能源汽车产业发展规划(2021—2035年)》确定了以纯电动汽车、插电式混合动力(含增程式)汽车、燃料电池汽车为"三纵",布局整车技术创新链,并提出加快建立适应新能源汽车与相关产业融合发展需要的人才培养机制。混合动力汽车作为典型的节能环保汽车,因其不依赖充电设施、无里程焦虑等特点,在当前具有广泛的市场应用。本书内容立足新能源汽车产业转型升级对技术技能人才的需求,重点培养具有爱国情怀、汽车强国使命担当,遵守职业道德、混合动力汽车维修规范,熟悉混合动力汽车结构、原理基础知识,掌握混合动力汽车装调、测试、诊断、修理等素养和能力的高素质技术技能人才。

本书根据《国家职业教育改革实施方案》《职业院校教材管理办法》等有关职业教育教材建设的政策要求,对照高等职业教育相关专业教学标准、职业技能等级证书标准的相关要求编写而成。其内容体现以下特色。

(1) 将专业技能培训与价值塑造相结合。党的二十大报告中提到的关于"积极稳妥推进碳达峰、碳中和""深入推进能源革命"等战略要求对新能源汽车产业的发展具有积极的推动作用,必将为新能源汽车产业发展带来新的活力,同时也会坚定人才对选择新能源汽车行业、深耕新能源汽车行业的信心。本书在讲授专业知识、技能的同时,以"新时代汽车工匠精神"作为价值教育的主线,塑造学生对产业道路的信心,以及热爱岗位、精益求精、追求卓越的工匠精神。

(2) 基于项目教学的体例编写。本书按照混合动力汽车检修岗位的工作流程设计了7个学习情境,每个学习情境分为若干学习任务。每个学习任务中包含理论知识学习、知识测试,学习情境整体配套学生工作页,有助于学生开展任务驱动式学习。

(3) 对接行业新技术、新工艺、新规范。本书编写团队中4名教师经企业认证为培训讲师,持续接受一汽丰田、一汽大众、长安福特、理想汽车等厂家的新技术培训,内容结合国内外主流混合动力车型的最新技术以及维修规范。

(4) 结合精品线上教学资源。本书编写团队开发的线上课程"混合动力汽车技术"获评2022年职业教育国家在线精品课程,课程开设于智慧职教MOOC学院,为广大师生提供了优质的线上学习资源,可实现线上线下混合式教学。

本书内容包括7个学习情境,共19个学习任务。其中学习情境一、学习情境六,学习情境五中的任务三由广西交通职业技术学院谢军编写,学习情境二由广西交通职业技术学院陈海军编写,学习情境三、学习情境四由广西交通职业技术学院彭高颖编写,学习情境五中的任务一、任务二由广西交通职业技术学院史俊涛编写,学习情境七由广西水利电力职业技术学院陈小长编写。全书由谢军、彭高颖、陈海军担任主编并负责统稿,史俊涛、陈小长担任副主编,广西交通运输学校邓府、广西交通职业技术学院林松、广西汽车集团钟桂林作为参编人员参与工作任务设计、题库编写、工作页编写等工作。

　　本书在编写过程中,参考了同类教材、企业培训资料及线上资源。在此,特向本书所引用和参考内容的编者和作者表示诚挚的谢意。同时,本书在编写过程中,得到了广西汽车集团有限公司、广西水利电力职业技术学院、上海景格科技有限公司、高等教育出版社等单位的支持,在此深表感谢。由于编者能力所限,不足之处在所难免,敬请专家、读者批评指正。

编者

2023 年 10 月

目 录

学习情境一 ▶▶▶

向客户介绍混合动力汽车

▶ **情境描述**

　　客户张先生有置换新车想法,正在了解并对比燃油汽车、混合动力汽车、纯电动汽车的结构和性能特点,请根据张先生的购车需求,向他介绍一款混合动力汽车。

🌀动画
根据客户需求
介绍混合动力
汽车

任务一　描述混合动力汽车的概念及特点

任务描述

本次任务,我们将学习混合动力汽车的结构及原理,混合动力汽车的特点,发展混合动力汽车的背景以及混合动力汽车的发展进程。

学习目标

1. 理解混合动力汽车的基本概念,能向客户描述混合动力汽车。

2. 了解混合动力汽车基本结构,从油耗、使用便捷性等角度对比分析混合动力汽车、纯电动汽车、燃油汽车。

3. 具有环境保护与节能减排意识,客户购车时能引导并传达积极、正面的用车观念。

4. 了解混合动力汽车的发展进程,必要时能向客户清晰地解释,以建立客户对混合动力汽车技术的信心。

知识学习

1. 混合动力汽车的基本概念

工业和信息化部关于新能源汽车的定义指出,新能源汽车是指以非常规的车用燃料作为动力源(或使用常规的车用燃料和新型车用动力装置),集车辆动力控制和驱动等先进技术于一体的技术原理先进、具有新技术、新结构的汽车。新能源汽车包括混合动力汽车、纯电动汽车(BEV 或 EV,包括太阳能汽车)、燃料电池电动汽车(FCEV)、氢发动机汽车、其他新能源(如高效储能装置和二甲醚)汽车等各类别产品。

混合动力汽车(Hybrid Vehicle)是指车辆驱动系统由两个或多个能同时运转的驱动系统联合组成,车辆运动的能量至少来自两种不同的能量转换装置的车辆。市场应用较多的混合动力汽车采用传统的内燃机(柴油机或汽油机)和电机作为动力源,亦称为油电混合动力汽车,即 HEV(Hybrid Electric Vehicle)。

混合动力汽车根据是否带有充电接口分为非插电式混合动力汽车(HEV)和插电式混合动力汽车(PHEV)。

2. 混合动力汽车的基本结构

混合动力汽车相对于燃油汽车,增加了一套电机驱动系统。以丰田第二代混合动力系统汽车为例,该车搭载一台汽油发动机及一套电机驱动系统,电机驱动系统主要由混合动力蓄电池、电源电缆、逆变器总成、混合动力传动桥以及动力管理控制电子控制单元(ECU)组成,可以实现发动机和电机协同输出动力,如图 1-1 所示。

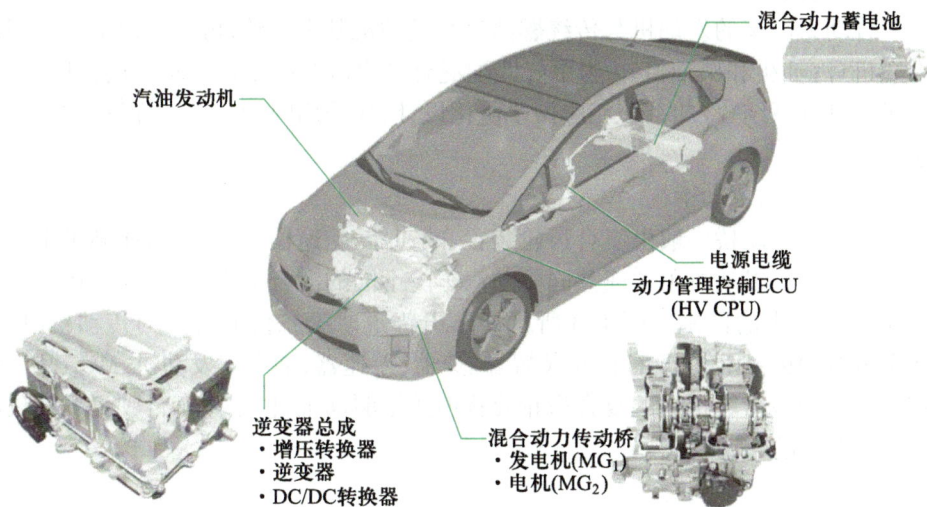

图 1-1 丰田第二代混合动力系统汽车

(1) 混合动力蓄电池

混合动力蓄电池(HV 蓄电池)是混合动力汽车电机主要的电能来源,其作用是储存来自车载充电机、发电机或外置充电装置的电能,为电机和其他用电设备提供电能。不同类型的混合动力汽车,混合动力蓄电池的容量、体积以及安装位置都有所不同。丰田普锐斯的混合动力蓄电池安装在车辆行李舱位置(如图 1-2 所示)。

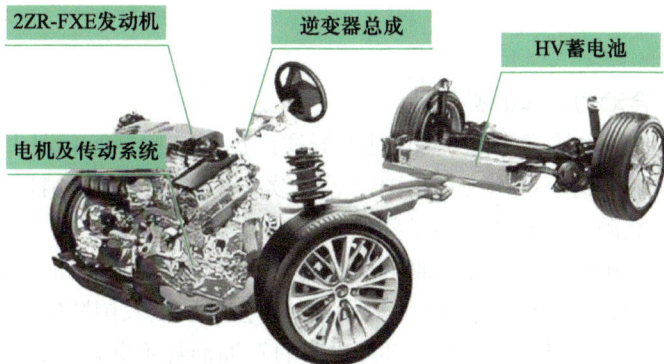

图 1-2 丰田普锐斯混合动力蓄电池安装位置

(2) 逆变器总成及驱动电机

逆变器总成接收混合动力蓄电池输送过来的直流电电能,逆变成三相交流电给驱动电机供电,驱动电机将电能转化为机械能,经传动桥传递至驱动轮,驱动车辆行驶。驱动电机既可以作为驱动电动机,也可以作为发电机工作,大部分混合动力汽车上配备 2 个电机,一个主要作为发电机为混合动力蓄电池补充电能、另一个主要作为电动机驱动车辆。

（3）发动机

混合动力汽车的发动机与传统燃油汽车发动机基本一致,可以广泛地采用四冲程内燃机(汽油机和柴油机)。为更好匹配混合动力汽车的工作要求,混合动力汽车发动机的进气系统、冷却系统相应做了优化设计,如采用阿特金森循环发动机、电子水泵等。

（4）混合动力传动桥

混合动力传动桥一般由复合齿轮装置、减速器、差速器等组成,从而满足不同工况下,由电动机、发动机单独或共同驱动汽车。不同的混合动力驱动方案,传动桥的结构也存在较大的区别。图 1-3 所示为丰田普锐斯第二代混合动力传动桥,集成了 2 个电机(MG_1、MG_2)、复合齿轮装置、减速器、差速器、油泵。发动机、MG_1、MG_2 通过带有两组行星齿轮机构的复合齿轮装置连接至驱动轴,根据汽车行驶工况实现串联、并联、混联的驱动模式。

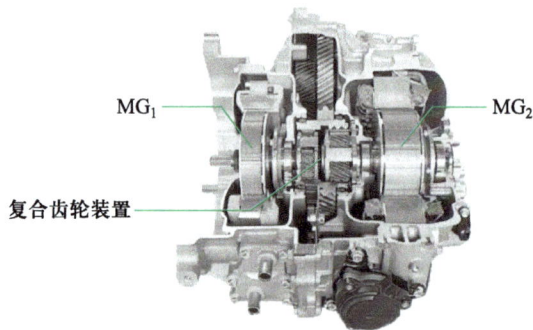

图 1-3   丰田普锐斯第二代混合动力传动桥

3. 发展混合动力汽车的必要性

汽车为我们的生活带来了更加便捷、舒适的出行体验,随着我国综合实力的不断提升,汽车的保有量不断增加,我国已经连续多年成为汽车产销量第一大国。但随之而来的是,能源消耗和环境污染问题日益凸显。

传统汽车使用的燃料来自石油,石油被称为现代工业的"血液",是国家生存和发展不可或缺的战略资源,对保障国家经济和社会发展以及国防安全有不可估量的作用。近年来,在经济快速发展的同时,我国的石油消耗不断增长,对石油的进口依存度在逐年上升。2018 年,我国就超过了美国,成为全球最大的石油进口国;2020年,我国进口石油占总石油消费比例超过 70%。我国车用燃油占燃油总消耗量的近55%,随着燃油汽车数量的增长,由此带来的石油紧缺将会更加凸显。

在能源消耗面临巨大挑战的同时,汽车有害气体以及 CO_2 排放持续增长也给环境造成很重的压力。节能减排是全球汽车产业发展的共同目标和转型升级方向,各国纷纷通过政策引导、法规约束、市场竞争、技术研发创新等手段综合推进节能与新能源汽车产业发展。

汽车技术的发展就是不断降低能源消耗、减少排放的技术革新过程。汽油发动机的创新技术,有如可变配气正时、缸内直喷、涡轮增压;柴油发动机的创新技术,有如高压共轨、尾气净化、自动变速器技术以及替代燃料等,这些技术在传统燃油汽车上的应用可以说已经接近极致,每取得一点微小的进步都需要付出极大的努力,却无法从根本上解决对石油的依赖和实现零排放。纯电动汽车和氢燃料电池汽车是目前各国认为可以从根本上解决汽车对石油消耗依赖和实现零排放的技术路线,但由于充电设施、电池成本以及燃料电池技术等问题,目前全面普及的难度还很大。以混合动力汽车为代表的节能环保技术,在当前有很大的市场需求和发展空间。

4. 混合动力汽车的特点

混合动力汽车包含发动机驱动系统、电机驱动系统,能够实现由发动机、电机单独或共同驱动车辆,如图1-4所示。混合动力汽车各工况工作情况如下。

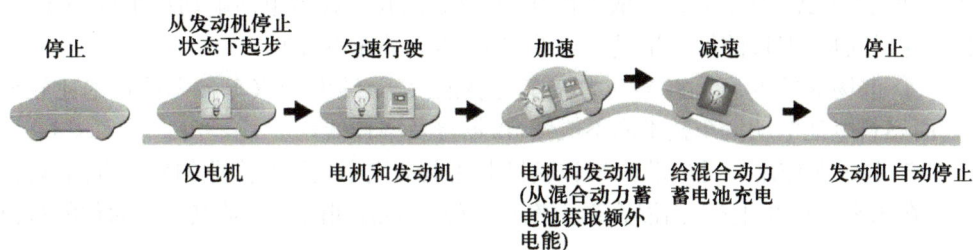

停止	从发动机停止状态下起步	匀速行驶	加速	减速	停止
	仅电机	电机和发动机	电机和发动机(从混合动力蓄电池获取额外电能)	给混合动力蓄电池充电	发动机自动停止

图1-4 混合动力汽车工作情况

① 车辆静止工况,使用混合动力蓄电池为车辆电气系统供电,发动机不用一直处于怠速状态来供电,可缩短发动机怠速时间。

② 起步工况,纯电驱动(EV驱动)让车辆起步,起步更加平稳。

③ 匀速行驶工况,发动机与电机协同工作,发动机既能为车辆行驶提供动力,也能驱动发电机为电机工作提供电能。

④ 加速或爬坡大负荷工况,电机与发动机共同驱动车辆,混合动力蓄电池储备电能保证电机大功率输出,保证车辆的加速能力。

⑤ 减速工况,进行制动能量回收,将车辆动能转化为电能为混合动力蓄电池充电。

通过混合动力汽车各工况分析,混合动力汽车相对于传统燃油汽车、纯电动汽车、燃料电池电动汽车,在尾气污染及油耗、续驶里程、使用便捷性等指标的对比见表1-1,混合动力汽车特点如下。

① 尾气排放及燃油消耗较少。混合动力汽车减少了车辆怠速时间,发动机受车辆负荷影响较少,可以保持在燃油经济性较好的转速区间工作,燃烧效率高,有害气体排放减少。混合动力汽车在减速过程中能实现制动能量回收,减少燃油消耗。

② 续驶里程优势明显。目前市场常见燃油汽车、纯电动汽车续驶里程在400~600 km,已经量产的燃料电池汽车丰田Mirai,续驶里程为650 km。混合动力汽车续驶里程一般在800~1 000 km。

表 1-1　各类型汽车指标对比

指标	燃油汽车	纯电动汽车（EV）	混合动力汽车（HEV）	燃料电池电动汽车（FCEV）
尾气污染	高	0	低	0
油耗	高	0	低	0
续驶里程	较长	较长	长	较长
使用便捷性	好	不好	好	不好
技术成熟度	成熟	成熟	成熟	不成熟
发展前景	逐步禁售	未来趋势	未来趋势	未来趋势

③ 使用便捷。混合动力汽车（HEV）和燃油汽车一样加油方便、补能时间短。纯电动汽车（EV）对充电设施依赖性强、充电时间长。燃料电池电动汽车（FCEV）燃料加注时间短，但目前加氢站投入建设较少，能源补充不方便。

④ 市场成熟度高。混合动力汽车与燃油汽车、纯电动汽车各方面技术比较成熟，而燃料电池电动汽车技术尚不成熟，市场普及率较低。

⑤ 起过渡作用。纯电动汽车和燃料电池电动汽车是汽车产业的发展方向，燃油汽车在未来会停止生产，而混合动力汽车在较长的时间内将会是汽车电动化的过渡产品。

5. 混合动力汽车发展进程及现状

混合动力汽车并不是当下才出现的汽车类型，早在 100 多年前就已经有了混合动力汽车。1886 年，卡尔·本茨制造出世界上首辆三轮汽车，在同一时期的 1900 年，第一辆混合动力汽车罗那·保时捷（Lohner Porsche）诞生。它的最高时速能达到 35 km/h，行驶的续驶里程更是堪称飞跃式进步，能跑近 200 km，在当时来说是难以想象的，如图 1-5 所示。

图 1-5　第一辆混合动力汽车罗那·保时捷

在接下来的几十年里，混合动力汽车由于售价、续驶里程、整车质量、车辆体积等多方面原因，发展陷入困境。而汽油发动机技术取得了很大的进步，并且不再需要电机予以辅助,混合动力汽车逐渐退出市场。

直到 1973 年,随着石油危机的爆发和汽油价格的飙升。更加节油的纯电动汽车和混合动力汽车再次进入人们的视野。这段时期代表性车型如下:

1977 年,丰田推出过一款混合动力概念车,命名为 Sports800 Hybrid,采用的是燃气轮机和电动机的并联形式。

1989 年,奥迪展出了在 100 Avant Quattro 基础上研发的 Duo 试验车,这辆车采用了 2.3 L 五缸发动机驱动前轮,两台电动机驱动后轮。该车型的改进一直持续到 1997 年,第三代 Duo 正式量产。

1997 年,丰田第一代普锐斯、本田第一代 Insight 原型车同时发布。

进入 20 世纪,混合动力汽车迎来高速发展。2015 年至 2018 年,混合动力汽车的销量每年都以超过 10% 的增速增长,2018 年全球混合动力汽车(HEV)销量超过 260 万辆。

我国混合动力汽车的发展受到国家和各级地方政府重视,政府将新能源汽车作为产业发展和转型的方向,出台了一系列鼓励政策。2012 年,国务院印发《节能与新能源汽车产业发展规划(2012—2020)年》,鼓励多种技术路线发展,当前重点推进纯电动汽车和插电式混合动力汽车产业化,推广普及非插电式混合动力汽车和节能内燃机汽车,提升我国汽车产业整体技术水平。2020 年,国务院办公厅印发《新能源汽车产业发展规划(2021—2035 年)》,提出以纯电动汽车、插电式混合动力汽车、燃料电池汽车为"三纵",布局整车技术创新链。

2023 年,我国混合动力汽车全年累计销售 66.87 万辆(同比增长 34%),增速为 33%。根据预测,到 2025 年,全球混合动力汽车销量将达到近 700 万辆;中国市场混合动力汽车销量将达到 100 万辆。

知识测试

一、单项选择题

1. 表示混合动力汽车的英文缩写是(　　　)。
   A. HEV　　　　　B. EV　　　　　C. BEV　　　　　D. FCEV
2. 关于混合动力汽车的描述,不正确的选项是(　　　)。
   A. 混合动力汽车采用内燃机和电机驱动系统作为动力源
   B. 混合动力汽车不属于新能源汽车
   C. 混合动力汽车发动机与传统燃油汽车发动机基本一致
   D. 混合动力汽车动力蓄电池比纯电动汽车动力蓄电池容量小
3. 下列不属于汽油发动机节能技术的是(　　　)。
   A. 高压共轨燃油喷射　　　　　B. 缸内直喷
   C. 可变配气正时　　　　　D. 涡轮增压

4. PHEV 是指哪种车型？（   ）

    A. 油电混合动力汽车   B. 串联式混合动力汽车

    C. 插电式混合动力汽车   D. 增程式混合动力汽车

5. 关于混合动力汽车的发展进程，下列说法正确的是（   ）。

    A. 混合动力汽车是当下才有的汽车类型

    B. 混合动力汽车不是当下我国汽车技术的主要方向之一

    C. 当下混合动力汽车市场占比高于传统汽车

    D. 纯电动汽车和氢燃料电池汽车代表未来汽车方向

二、多项选择题

1. 传统汽车保有量增多会带来以下哪些问题？（   ）

    A. 能源过度消耗   B. 环境过度污染

    C. 生产效率下降   D. 工作地域缩小

2. 混合动力汽车的基本组成包括（   ）。

    A. 发动机   B. 电机驱动系统

    C. 动力管理控制 ECU   D. 混合动力传动桥

3. 关于发展混合动力汽车的必要性，下列说法正确的是（   ）。

    A. 减少石油消耗   B. 减少汽车碳排放

    C. 减少汽车有害气体排放   D. 减少人们交通出行

4. 相对于传统燃油车，混合动力汽车的特点有哪些？（   ）

    A. 油耗低，发动机保持在最佳工况

    B. 污染物排放低

    C. 整车质量轻

    D. 油电相互补充，扭矩特性较好

5. 相对于纯电动汽车，混合动力汽车的特点有哪些？（   ）

    A. 整车质量轻   B. 扭矩比纯电动汽车大

    C. 可以不用外部充电装置   D. 电池质量、体积较小

任务二　区分混合动力汽车的类型

任务描述

    混合动力汽车有多种类型，理解混合动力汽车的分类方式，对于从不同的角度介绍混合动力汽车的特征以及对后续学习有重要作用。本任务将从混合度、动力的连接方式以及电机安装的位置来区分不同的混合动力汽车。

学习目标

1. 能按照混合度区分并说明不同混合动力汽车的特点。
2. 能按照动力的连接方式,区分并说明不同混合动力汽车的特点。
3. 能按照电机安装的位置,区分并说明不同混合动力汽车的特点。

知识学习

混合动力汽车由发动机驱动系统及电机驱动系统组成。根据这两套系统在整个动力输出功率的占比(混合度)、动力的连接方式、电机的安装位置,形成多种分类方式。

1. 按照混合度分类

根据电机的功率占据整个系统输出功率的比重,混合动力系统可分为微混、轻混、中混和完全混合四种类型。对于按照混合度分类的方式,说法并不完全一致,某些资料将微混和轻混都归于微混合动力系统,为了更加完整地介绍以及便于对后续相关内容的理解,本书将具有怠速停机功能的混合动力系统称为微混合动力系统。

混合度是指混合动力电机驱动系统功率与驱动总功率的比值,一般来说,混合度越高,动力电池容量越大,动力系统节能效果越好,整车的制造成本越高。

（1）微混合动力系统

微混合动力系统以发动机为主要动力源,电机作为辅助动力,电机驱动功率占总功率的比值小于 10%。

微混合动力系统的智能起停系统可实现在城市拥堵路段让发动机自动停机或起动。这样能够减少发动机怠速期间的燃油消耗,降低在拥堵路段的有害气体排放,据统计,在城市拥堵道路行驶,智能起停系统能降低油耗 10% 左右。

如法雷奥智能起停系统采用起动机和发电机集成的电机,通过曲轴传动带带动发动机起动,如图 1-6 所示。

该系统主要由集成起动机/发电机、传动带、蓄电池及 ECU 组成。发动机发电模式下,由发动机通过传动带驱动集成起动机/发电机。起动发动机模式下,由蓄电池提供电能,集成起动机/发电机通过传动带带动发动机曲轴运转,起动发动机,以实现快速且平稳地起动发动机。

发动机停机状态下无法使用空调系统,且车辆起动的振动感比较强,在汽车电动化的趋势下,该技术会逐渐被 48 V 轻度、中度混合动力系统替代。

（2）轻度混合动力系统

轻度混合动力系统的混合度一般在 10%~20%。轻度混合动力系统除了能够实现用起动机/发电机控制发动机的起停外,还能够实现短暂的纯电行驶、为车辆加速提供驱动力以及在减速和制动工况下进行能量回收。其主要应用车型有吉利博瑞、吉利嘉际、宝马 3 系、奥迪 A6L 等。

微课
混合动力汽车类型(按照混合度的不同分类)

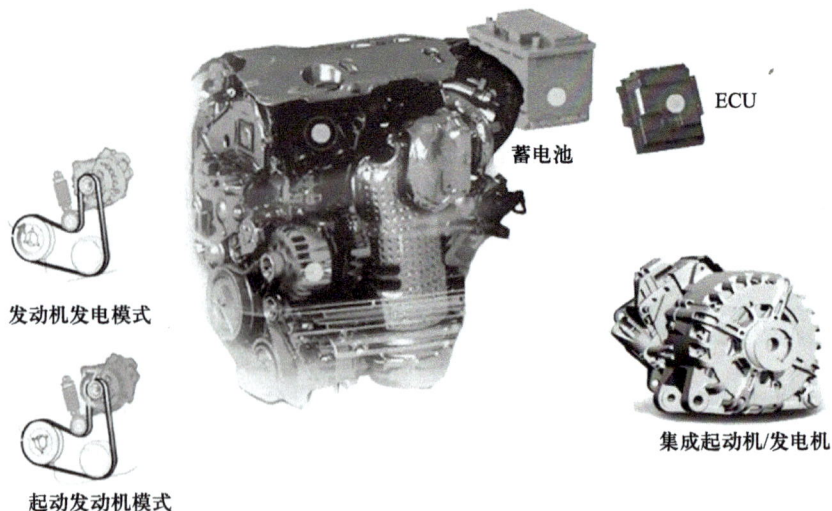

发动机发电模式

起动发动机模式

蓄电池

ECU

集成起动机/发电机

图 1-6   法雷奥智能起停系统

图 1-7 所示为 48 V 轻度混合动力系统动力布局简图,核心部件包括 48 V 电池、48 V 起动机 / 发电机、48 V 驱动电机等。其中 48 V 电池大多为锂离子电池,不但支持快速充电,而且能量密度大。车辆起步及短暂停车,带 48 V 系统的动力总成可以采用纯电驱动,从而避开燃油车起步时最耗油的怠速阶段。制动、滑行的时候,还可以通过发动机制动回收一部分动能,减少过程中的能量耗散。在发动机停机的状态下,轻度混合动力系统短暂接管空调,给空调压缩机供能,避免空调系统一并停机。

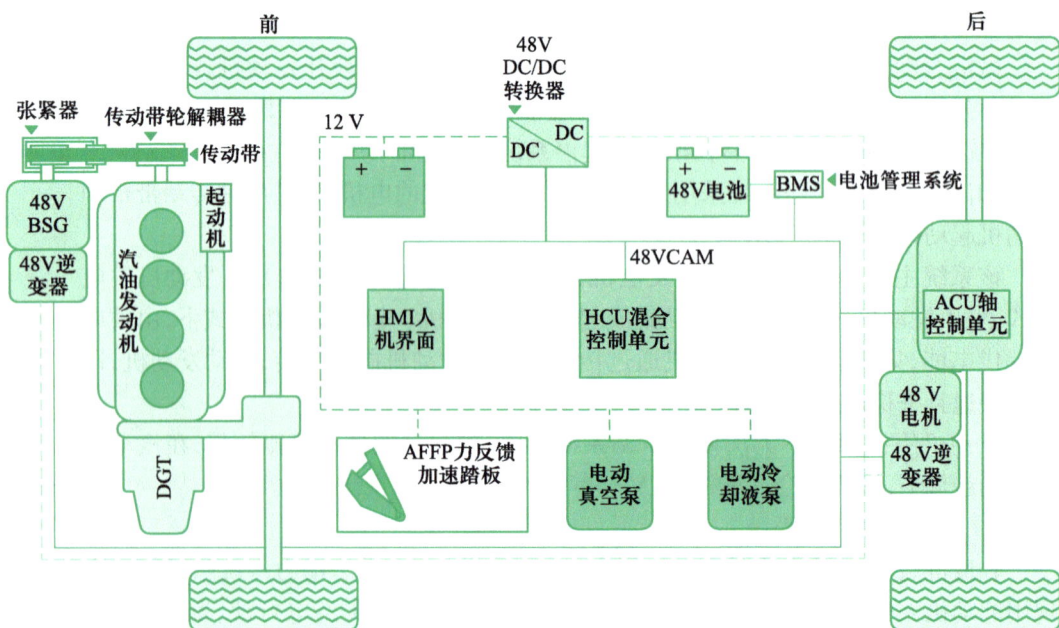

图 1-7   48 V 轻度混合动力系统动力布局

（3）中度混合动力系统

中度混合动力系统是指以发动机为主要动力源,电机作为辅助动力,在车辆加速和爬坡时,电机可向车辆行驶系统提供辅助驱动力矩的混合动力系统,电机的峰值功率占总功率比值在30%左右。中度混合动力系统的代表是本田CR-Z、思域、Insight等车型搭载的集成电机辅助（IMA）系统,本田IMA系统主要由发动机、电机、CVT变速箱以及智能动力单元（IPU）组成,如图1-8所示。

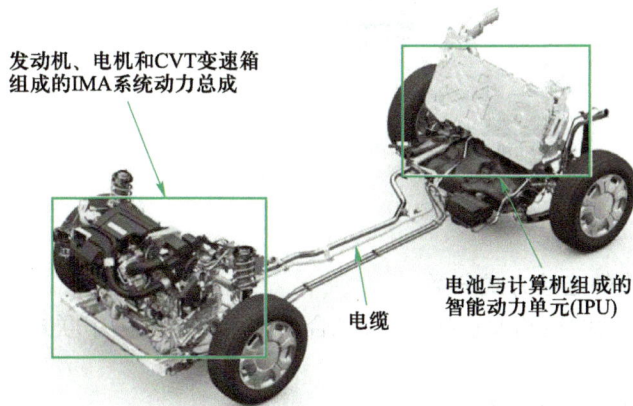

发动机、电机和CVT变速箱组成的IMA系统动力总成

电池与计算机组成的智能动力单元(IPU)

电缆

图1-8 本田IMA系统

IMA系统的电机安装在发动机与变速器之间,电机转子与曲轴同轴且连接在一起,由于电机较薄且结构紧凑,安装IMA系统车辆发动机舱外观和布局与同款燃油车基本一致。该系统搭载1.5 L的i-VTEC发动机,峰值功率为83 kW,峰值转矩为145 N·m,电机峰值功率为10 kW,峰值转矩为78 N·m。IMA系统能实现纯电起步与低速行驶,急加速时电机与发动机共同驱动车辆,减速时回收制动能量。IMA系统的电机位置如图1-9所示。

（4）完全混合动力系统

完全混合动力系统采用高效发动机、更高功率的电机、更大容量的电池以及更为复杂的控制系统,电机在驱动车辆中发挥更多的作用,混合度超过40%。主要代表有：比亚迪DM-i系统、本田IMMD系统、丰田THS-Ⅱ系统等。以本田IMMD系统为例,其主要用于本田C-RV、型格、雅阁等车型,该系统由发动机、发电机、电机以及齿轮传动装置等部件组成,根据需要可实现纯电驱动模式、混合动力驱动模式、发动机驱动模式,如图1-10所示。

图1-9 IMA系统的电机位置

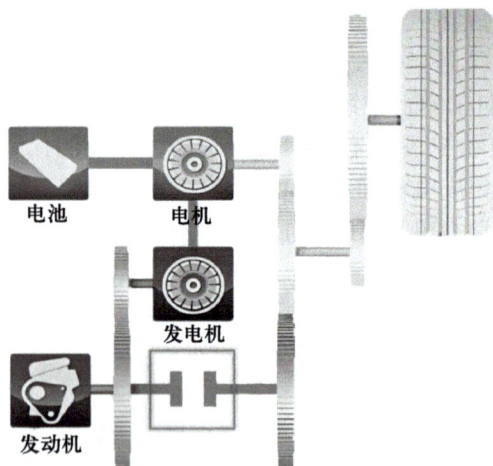

图 1-10　本田 IMMD 系统

2. 按照动力的连接方式分类

根据动力驱动的线路及连接方式,混合动力系统可分为串联式、并联式、混联式三种类型。

（1）串联式混合动力系统

串联式混合动力系统由发动机、发电机、电机、混合动力蓄电池（HV 蓄电池）以及逆变器等组成。发动机驱动发电机工作,发电机产生电能为 HV 蓄电池充电或提供给电机,HV 蓄电池与电机通过逆变器进行交流电和直流电的转换,如图 1-11 所示。串联式混合动力汽车主要由电机驱动,车辆的动力特征更趋向于纯电动汽车,也称为增程式混合动力汽车。

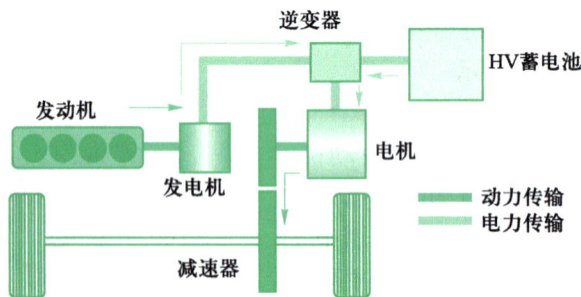

图 1-11　串联式混合动力系统

串联式混合动力汽车是一种非常典型的混合动力汽车类型,代表车型有沃蓝达 2012 款、宝马 i3 混动、理想 ONE,其特点如下:

① 具有良好的经济性和较少的有害物排放。传统的燃油汽车发动机会在怠速、小负荷、中等负荷、大负荷、加速等各种工况下工作,而串联式混合动力汽车发动机与驱动轮没有直接机械连接,因此发动机工作状态不受车辆行驶工况的影响,能始终在最佳的工作区域内稳定运行。

② 动力总成布置自由度较大。发动机与电机之间无机械连接,动力总成布置方便。

③ 制动能量回收效率高。车辆由电机驱动,电机的功率大,制动能量回收效率高。

④ 能量转换过程中有一定的能量损失。发动机燃烧燃料产生机械能,发电机将机械能转化为电能,电机将又将电能转化为机械能,能量转换的次数越多,损失就会越大。

⑤ 整车的质量较大。驱动车辆主要依靠电机,对电池容量和电机的功率有一定要求,导致整车质量较大。

(2) 并联式混合动力系统

并联式混合动力汽车可以看成传统的燃油汽车附加了一个电力驱动系统,并联式混合动力系统主要由发动机、变速箱、HV 蓄电池、逆变器、电机以及齿轮减速器组成,如图 1-12 所示。

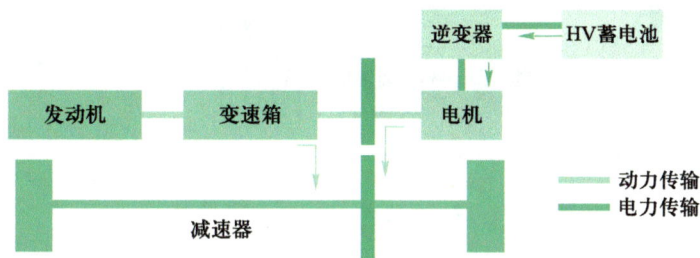

图 1-12　并联式混合动力系统

发动机是车辆主要的动力来源,电机作为辅助动力驱动车辆,在制动过程中,电机作为发电机回收制动能量,为 HV 蓄电池充电。HV 蓄电池可以储存和提供电能,逆变器总成的主要作用是交流电、直流电转换以及调节电压。

根据电机安装位置以及动力连接结构的不同,可分为单轴式并联混合动力系统、双轴式并联混合动力系统和分离式配置型并联混合动力系统。

单轴式并联混合动力系统通常将电机安装在发动机飞轮位置上,转子直接和曲轴连接,系统在运行时通常以发动机作为主要动力,电机为辅助动力,代表车型有本田 CR-Z、思域、Insight 等,如图 1-13 所示。

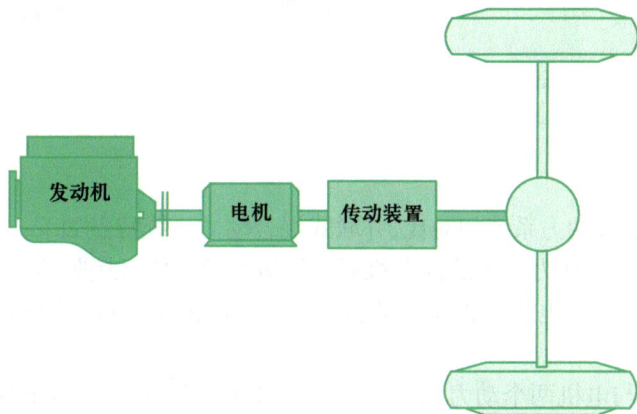

图 1-13　单轴式并联混合动力系统

动画　并联式混合动力汽车组成及工作过程

　　双轴式并联混合动力系统采用双轴配置的车辆,发动机和电机需要通过动力分配机构连接至驱动轮,动力分配机构则依据混合动力控制 ECU 的指令,使发动机和电机输出轴连接或分离,代表车型有大众帕萨特、迈腾、途观、探岳等,如图 1-14 所示。

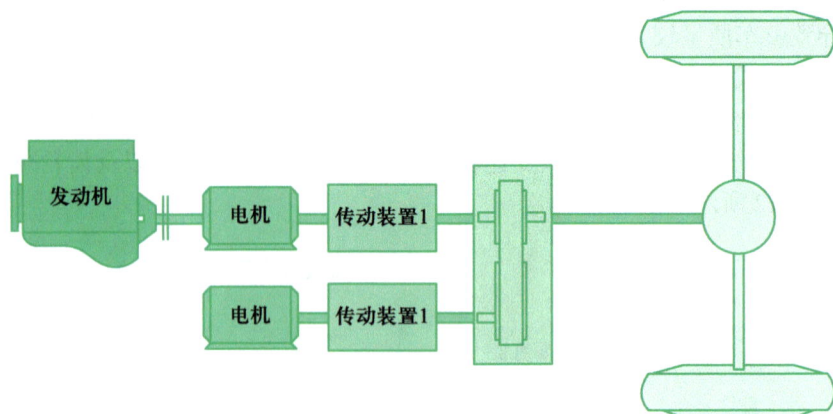

图 1-14　双轴式并联混合动力系统

　　分离式配置型并联混合动力系统主要用于四轮驱动车辆(4 WD),电机驱动前轮,发动机驱动后轮,发动机通过混合动力机构(或发电机)为 HV 蓄电池补充电能。前、后动力总成的布局也可以根据车辆的需求调换,如图 1-15 所示。

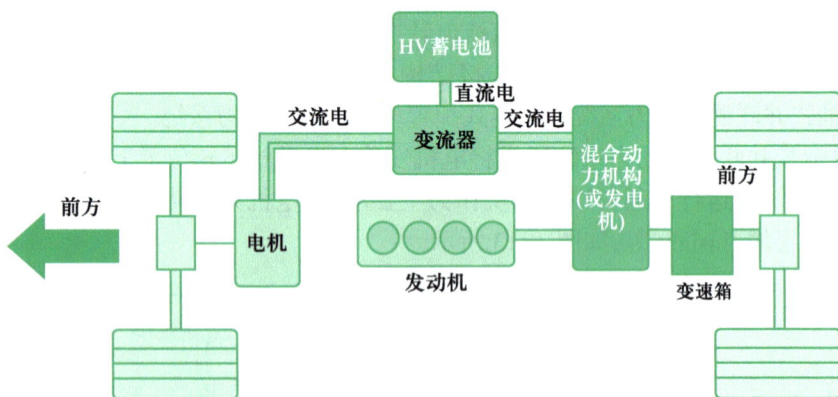

图 1-15　分离式配置型并联混合动力系统

　　与串联式混合动力系统相对比,并联式混合动力系统特点如下:

　　① 并联式混合动力系统的发动机通过机械传动机构直接驱动汽车,相比串联式混合动力系统热能—电能—机械能的转换过程中的能量损耗,其发动机能量的利用率相对较高。

　　② 发动机与电机两个动力总成的功率可以互相叠加,满足汽车行驶的最大功率需求,系统可采用较小功率的发动机和电机,电池总容量可以比串联式混合动力系

统（SHEV）小，使得整车动力总成尺寸小，质量也较轻。

③ 以发动机驱动模式为主要驱动模式，其动力特性更加趋近于燃油汽车，可利用现有技术，通用性好。并联式混合动力系统增加了变速装置及动力复合装置，使机械传动装置变得复杂，增加了整车布置的难度。

（3）混联式混合动力系统

混联式混合动力系统能根据不同行驶工况，实现多种驱动模式，在电机—发动机动力分配以及电池能量储备方面更加平衡，因此其结构比串联式、并联式混合动力系统更复杂。混联式混合动力系统多为完全混合动力系统，是当前主流的混合动力技术，代表有比亚迪 DM-i 系统、本田 IMMD 系统、丰田 THS-Ⅱ 系统等。

丰田第二代混合动力驱动（TSH-Ⅱ）系统由发动机、变频器总成、混合动力传动桥、动力管理控制 ECU、高压线束和 HV 蓄电池（201.6 V）组成，混合动力传动桥包括电机 MG_1、电机 MG_2 以及复合齿轮装置。发动机、MG_1、MG_2 通过复核齿轮装置将动力输出至车轮，如图 1-16 所示。

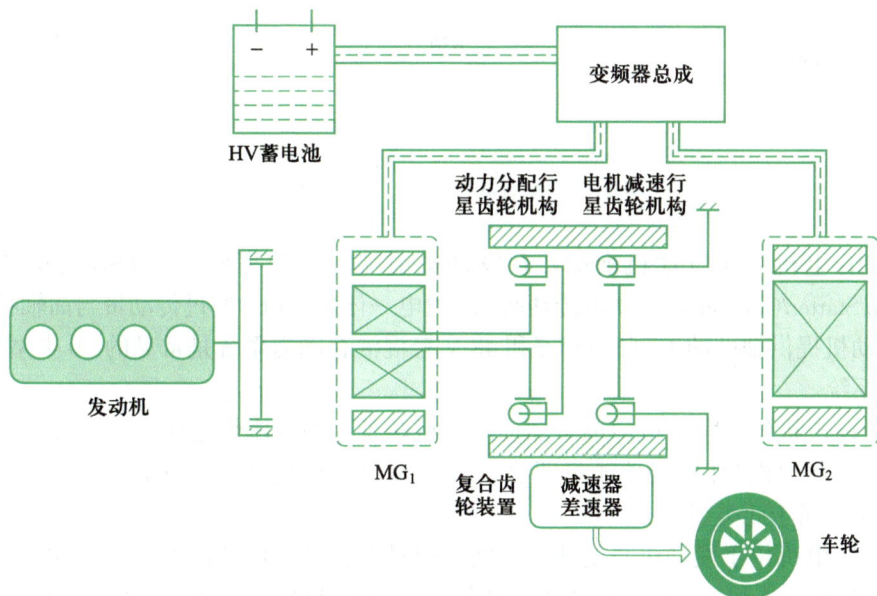

动画
混联式混合动力汽车组成及工作过程

图 1-16　丰田第二代混合动力驱动（THS-Ⅱ）系统结构简图

从图 1-16 中可以看出，混联式混合动力系统可以实现发动机、电机单独或同时驱动车轮。与串联式混合动力系统相比，在内燃机作为主要动力输出的模式下，混联式混合动力系统驱动的效率更高。相比于并联式混合动力系统单电机的结构，混联式混合动力系统采用双电机，在电能的储备平衡方面更为出色。混联式混合动力系统特点如下：

① 整车成本相对低。相对于串联式混合动力系统对电池容量的要求，混联式混合动力系统电池尺寸小。

②多种工作模式可获得更好的性能。能充分发挥串联式混合动力和并联式混合动力的优点,兼顾动力性、经济性和驾驶舒适性。

③传动桥结构及动力控制系统更为复杂。

3. 按照电机安装的位置分类

混合动力系统按照电机安装的位置可以分为 P0、P1、P2、P3、P4 共 5 种类型,如图 1-17 所示。

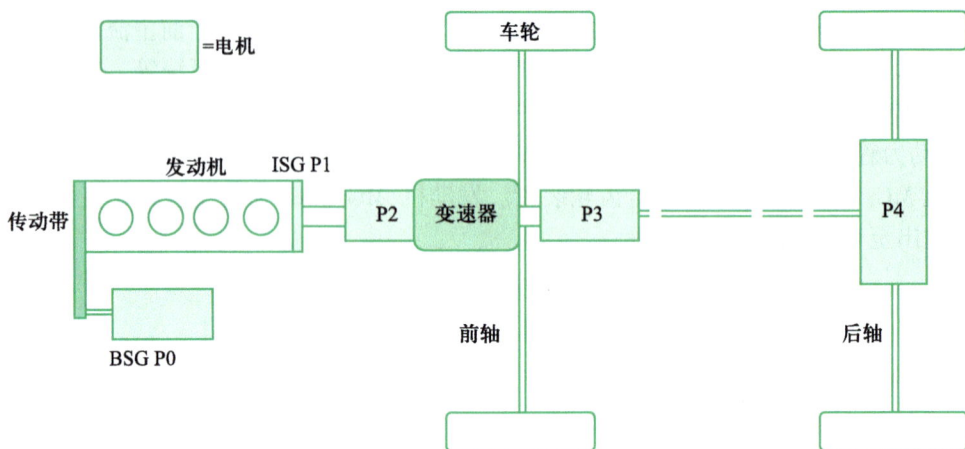

图 1-17　混合动力系统电机的安装位置

P0:电机位于发动机前端。在发动机前端安装功率较大的 BSG 电机(Belt-driven Starter/Generator,传动带传动起动 / 发电一体化电机),通过传动带与曲轴相连,为发动机提供辅助动力,自动起停和 48 V 轻混混合动力系统是常见的 P0 类型混合动力系统。

P1:电机位于发动机后离合器前。电机转子与曲轴刚性连接,可以辅助动力输出,支持发动机起停、制动能量回收发电。本田 CR-Z、思域、Insight 等车型使用的 IMA 系统属于此类型。

P2:电机位于发动机与变速箱之间。通过混合动力传动桥的设计,可以实现串联连接、并联连接、混联连接的模式切换,同时还能与现有的变速箱(AT、DCT)很好的集成,通常用于混联式混合动力系统,如丰田 THS-Ⅱ系统。

P3:电机位于变速箱输出端。P3 一般和变速箱输出轴不同轴,直接和主减速器相连,其最主要的优势是纯电驱动和制动能量回收的效率高,使用车型有比亚迪秦、长安逸动等。

P4:电机放在后桥上,包括轮边驱动也称为 P4。其优势有:在传统前轮驱动车辆上实现电动化升级,可四轮驱动;电机和发动机之间没有机械连接,且电机尺寸相对较小,转速区间宽,不需要复杂的变速机构,对结构、空间的需求小,安装方便。单 P4 结构必须要插电才能实用化,如果电池电量耗尽,会基本丧失功能,一般与其他混合动力方式搭配使用,如长城 WEY P8,前桥部分采用 P0,后桥部分采用 P4。

知识测试

一、单项选择题

1. Stop-Start 系统属于以下什么类型的混合动力汽车？（　　）
   A. 微混合动力 B. 轻度混合动力
   C. 中度混合动力 D. 完全混合动力

2. 关于本田 IMA 系统，说法正确的是（　　）。
   A. 该系统属于串联式混合动力系统
   B. 该系统属于完全混合动力系统
   C. 按照电机的位置分类，该系统属于 P2
   D. 该系统电机既可以作为发电机工作，也可以作为电动机工作

3. 增程式混合动力汽车又属于以下哪种类型的混合动力汽车？（　　）
   A. 并联式 B. 串联式 C. 微混合动力 D. 中度混合动力

4. 在汽车的各工况中，进行制动能量回收的工况是（　　）。
   A. 起步 B. 匀速行驶 C. 加速 D. 制动减速

5. 关于 P3 类型的混合动力系统，下列说法正确的是（　　）。
   A. 电机位于发动机后离合器前
   B. 电机位于发动机与变速箱之间
   C. 纯电驱动和制动能量回收的效率高
   D. 常用于 48 V 轻度混合动力系统

6. 比亚迪 DM-i 系统属于以下哪种类型？（　　）
   A. 串联式混合动力系统 B. 并联式混合动力系统
   C. 中度混合动力系统 D. 完全混合动力系统

二、多项选择题

1. 根据混合动力驱动的连接方式，一般把混合动力汽车分哪几类？（　　）
   A. 串联式 B. 并联式 C. 混联式 D. 完全混合式

2. 按照混合度分类，一般把混合动力汽车分为哪几类？（　　）
   A. 微混合动力 B. 轻度混合动力
   C. 中度混合动力 D. 完全混合动力

3. 关于串联式混合动力系统，下列说法正确的是（　　）。
   A. 发动机输出动力不直接驱动汽车
   B. 整车动力总车布置方便
   C. 发动机能始终在最佳的工作区域内稳定运行
   D. 动力性能类似纯电动汽车

4. 与串联式混合动力系统相对比，并联式混合动力系统的特点有（   ）。

    A. 主要依靠电能驱动汽车

    B. 发动机通过机械传动机构直接驱动汽车

    C. 电池总容量可以比串联式混合动力系统小

    D. 行驶过程中，电机同时对 HV 蓄电池充电及作为电动机驱动汽车行驶

5. 丰田 THS-Ⅱ 系统属于（   ）。

    A. 串联式混合动力系统   B. 混联式混合动力系统

    C. 中度混合动力系统   D. 完全混合动力系统

6. 关于 P4 类型的混合动力系统，下列说法正确的是（   ）。

    A. 电机放在后桥上

    B. 轮边驱动也称为 P4

    C. 在传统前轮驱动车辆上实现电动化升级，可四轮驱动。

    D. 一般与其他混合动力方式搭配

任务三 静态演示混合动力汽车基本功能

任务描述

混合动力汽车在外部特征、发动机舱布置以及内部仪表方面与传统燃油汽车有所区别，本任务将学习混合动力汽车典型的特征以及基本操作方法。

学习目标

1. 熟悉混合动力汽车的外部特征、发动机舱和电源的布置，描述混合动力汽车与传统燃油汽车在这些方面的区别。

2. 说明并演示混合动力汽车的起动方法。

3. 说明不同驾驶模式的区别。

4. 静态演示混合动力汽车换挡杆的操作方法。

5. 培养良好的与客户沟通技巧。

知识学习

混合动力汽车的典型特征

（1）混合动力汽车外部特征

混合动力汽车整车在外部与传统燃油汽车基本一致，一般通过车身"Hybrid Synergy Drive""HEV"或"PHEV"标识区别，如图 1-18 所示。相对于燃油汽车，插

电式混合动力汽车(PHEV)除了有燃油加注口外,车身上多了一个充电接口。

（2）混合动力汽车发动机舱

以丰田普锐斯为例,其发动机舱布置有发动机、逆变器总成、橙色高压电缆线等,电机及复合齿轮装置在发动机舱逆变器下方,如图 1-19 所示。

图 1-18　混合动力汽车标识示例

图 1-19　混合动力汽车发动机舱布置示例

（3）混合动力汽车 HV 蓄电池

普锐斯 HV 蓄电池有镍氢蓄电池和锂离子蓄电池两种类型,图 1-20 所示为镍氢蓄电池,安装在行李舱位置。

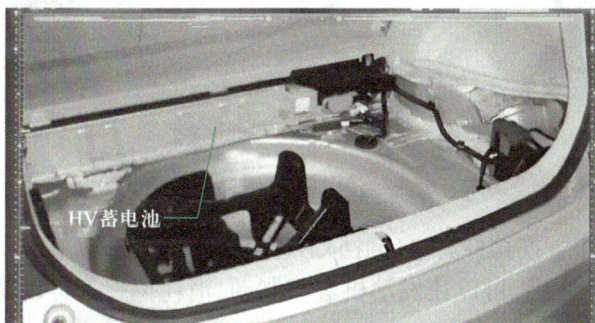

图 1-20　混合动力汽车 HV 蓄电池安装位置示例

（4）混合动力汽车驾驶舱

混合动力汽车驾驶舱与传统燃油汽车的区别主要在于仪表盘、换挡杆及驾驶模式按键等方面。

1）仪表盘

与传统燃油汽车仪表盘相比,除显示车速、驾驶模式、挡位外,增加了 READY 指示灯、状态指示灯、能源监视器等。以普锐斯为例,其仪表盘如图 1-21 所示。

READY 指示灯:绿色 READY 灯点亮,表示车辆已经起动。起动车辆时,携带感应钥匙进入车内,踩下制动踏板并按下"POWER"(电源)开关,Ready 灯点亮,表示车辆已经进入待驶状态。

图 1-21   混合动力汽车仪表盘示例

能源监视器：显示混合动力系统能量流、HV 蓄电池剩余电量信息。

2）驾驶模式选择

丰田普锐斯车款有 EV、ECO、PWR 三种驾驶模式可供选择。EV 为纯电驾驶模式，ECO 为节能模式，PWR 为动力驾驶模式，如图 1-22 所示。

在 EV 模式下，车辆仅由电机驱动，当 HV 蓄电池剩余电量下降到控制临界值时，发动机自动起动为 HV 蓄电池充电。不同类型混合动力汽车搭载的 HV 蓄电池容量不同，EV 模式行驶的里程和设计目的也不同。丰田普锐斯车款最初设计 EV 模式并不是为了节能，而是当车主晚上准备到家时，选择 EV 模式能避免汽车发动机声音影响到家人和邻居。

图 1-22   混合动力汽车驾驶模式选择示例

3）换挡杆

丰田普锐斯车款换挡杆有 R（倒挡）、N（空挡）、D（前进挡）、B（发动机制动挡）。在下长坡路段，选择 B 挡，可以让发动机参与制动，消耗掉一部分动能，减轻车轮制动器的制动负荷，如图 1-23 所示。

图 1-23   混合动力汽车换挡杆示例

知识测试

一、单项选择题

1. 插电式混合动力汽车标识为（　　　）。
   A. HEV　　　　　B. PHEV　　　　　C. TSI　　　　　　D. DM-i
2. 关于 Ready 指示灯，下列说法正确的是（　　　）。
   A. 是混合动力汽车所独有的指示灯
   B. 指示颜色为黄色，起到警示作用
   C. 表示车辆动力系统有故障
   D. 提示车辆已经起动
3. 当混合动力汽车下长坡时，应选择的挡位是（　　　）。
   A. R 挡　　　　　B. N 挡　　　　　C. B 挡　　　　　　D. D 挡

二、多项选择题

关于丰田普锐斯车款 EV 模式，说法正确的是（　　　　　）。
   A. 纯电动模式
   B. 当 HV 蓄电池电量下降到一定值，发动机会自动起动
   C. 表示更节能
   D. 代表动力更强劲

学习情境一工作页

任务工单：向客户介绍混合动力汽车

姓名		学号	
指导教师		工位	

1. 为什么要发展混合动力汽车？

2. 学习国务院印发《新能源汽车产业发展规划(2021—2035 年)》，回答下列问题。

(1) ＿＿＿＿＿是我国从汽车大国迈向汽车强国的必由之路。

(2) ＿＿＿＿＿＿成为汽车产业的发展潮流和趋势。

(3) 以＿＿＿＿＿＿＿＿＿＿为"三纵"，布局整车技术创新链。以＿＿＿＿＿＿＿＿

＿＿＿＿＿＿＿为"三横"，构建关键零部件技术供给体系。

3. 介绍一款混合动力汽车的基本结构，根据图 1-24 填写对应的零件名称。

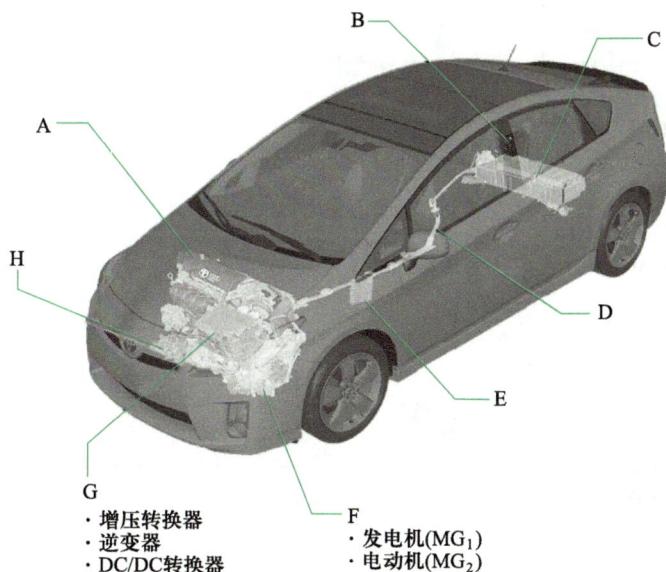

· 增压转换器
· 逆变器
· DC/DC 转换器

· 发电机(MG₁)
· 电动机(MG₂)

图 1-24　混合动力汽车基本结构

代码	名称	代码	名称
A		E	
B		F	
C		G	
D		H	

4. 指出下列图片对应结构表示的混合动力汽车类型,并描述其动力传动的主要特点。

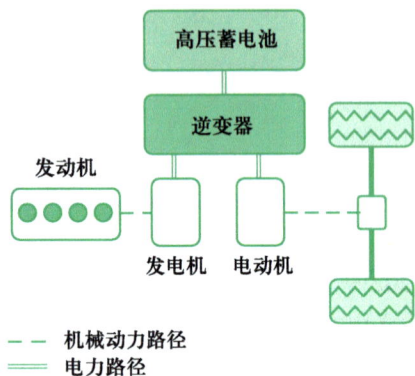

类型:＿＿＿＿＿＿＿＿＿＿＿＿＿

特点:＿＿＿＿＿＿＿＿＿＿＿＿＿

＿＿＿＿＿＿＿＿＿＿＿＿＿＿＿＿

＿＿＿＿＿＿＿＿＿＿＿＿＿＿＿＿

＿＿＿＿＿＿＿＿＿＿＿＿＿＿＿＿

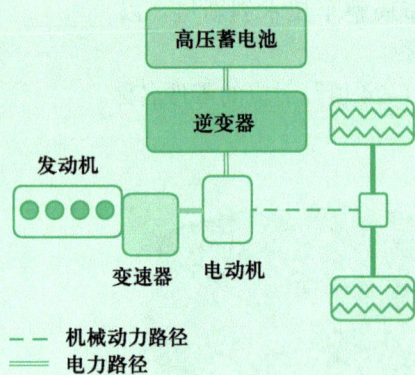

类型:＿＿＿＿＿＿＿＿＿＿＿＿＿

特点:＿＿＿＿＿＿＿＿＿＿＿＿＿

＿＿＿＿＿＿＿＿＿＿＿＿＿＿＿＿

＿＿＿＿＿＿＿＿＿＿＿＿＿＿＿＿

＿＿＿＿＿＿＿＿＿＿＿＿＿＿＿＿

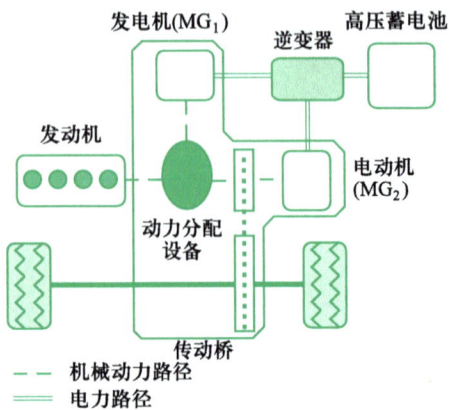

类型:＿＿＿＿＿＿＿＿＿＿＿＿＿

特点:＿＿＿＿＿＿＿＿＿＿＿＿＿

＿＿＿＿＿＿＿＿＿＿＿＿＿＿＿＿

＿＿＿＿＿＿＿＿＿＿＿＿＿＿＿＿

＿＿＿＿＿＿＿＿＿＿＿＿＿＿＿＿

5. 查阅资料,填写以下三款混合动力汽车的主要参数特征。

特征车型	帕萨特新能源 2022 款 430PHEV 混动商务版	唐新能源 DM-i 52 km 豪华型 2021 款	理想 L9 2022 款 L9 Max 版
按照动力连接方式分类			
HEV/PHEV			
发动机排量			
发动机最大功率			
发动机最大扭矩			
电机总功率			
电机总扭矩			
0~100 km/h 加速时间			
电池能量			
纯电续驶里程			

6. 了解客户需求,为客户推荐适合的混合动力汽车。

客户需求:＿＿＿＿＿＿＿＿＿＿＿＿＿＿＿＿＿＿＿＿＿＿＿＿＿＿＿＿＿

推荐车型:＿＿＿＿＿＿＿＿＿＿＿＿＿＿＿＿＿＿＿＿＿＿＿＿＿＿＿＿＿

主要推荐点:＿＿＿＿＿＿＿＿＿＿＿＿＿＿＿＿＿＿＿＿＿＿＿＿＿＿＿

评价表：向客户介绍混合动力汽车

评估指标	评估内容	优秀	良好	一般	需改进
学科知识掌握	了解混合动力汽车技术特点				
	掌握混合动力汽车基本参数				
	熟悉混合动力汽车部件的安装位置				
问题解决能力	能够操作混合动力汽车				
	能够组织与客户沟通的话术				
	能够组织车辆的介绍流程				
创新思维	提出运用不同方式进行车辆介绍的改进方案				
	创造性解决不同客户的需求难题				
	运用新技术与新媒体				
沟通和合作能力	有效地向他人介绍混合动力汽车				
	能够有效协同合作				
	参与小组项目和团队活动主动性				
自主学习和持续进步	学习态度与动力				
	学习方法与策略				
	信息获取与分析				
	自我评价与反思				
评估说明	优秀(5分)：学生在该指标上表现出色,能够熟练掌握、灵活应用,并展现出较高水平。 良好(4分)：学生在该指标上表现良好,能够掌握和应用,但有少量细节方面需要改进。 一般(3分)：学生在该指标上表现一般,基本掌握知识和能力,但需要加强理解和应用。 需改进(2分)：学生在该指标上表现较弱,掌握不足,需加强学习和提升能力				

学习情境二 ▶▶▶

完成混合动力汽车维修作业准备

▶ **情境描述**

客户的混合动力汽车到 4S 店进行定期保养,需要根据混合动力汽车高压系统维修和整车保养的作业要求,准备好高压防护用品,完成绝缘检测设施的检查,完成高压系统下电工作,做好车辆维修准备。

安全是企业生存发展的必要条件之一,是永不过时的话题。它与每个人、家庭、企业和社会都息息相关。通过树立安全意识、加强安全培训、规范作业流程能有效避免安全事故的发生。

任务一　混合动力汽车高压安全防护

任务描述

在进行混合动力汽车维修作业前,首先需要了解触电的方式以及触电的危害,了解高压电维修人员资质要求,掌握维修高压作业的安全防护,了解紧急救护的规范流程。

学习目标

1. 了解高压电及电压等级。
2. 了解触电方式及电流对人体的伤害。
3. 识别混合动力汽车高压部件及了解安全标识所表示的含义。
4. 维修作业前,做好混合动力汽车高压作业安全防护。
5. 掌握触电事故救护方法。

知识学习

1. 认识高压电

(1) 电压等级

高压电是相对低压电这个概念而言的。在不同的行业,低压电和高压电的标准有所区别。

以电力行业为例,《电力(业)安全工作规程》中规定,对地电压在 1 kV 以下时称为"低压",对地电压在 1 kV 及以上时称为"高压"。

以新能源汽车行业为例,《电动汽车高压系统电压等级》中规定,汽车高压系统直流超过 144 V 为高压电,高压电分为 6 个等级,见表 2-1。

表 2-1　高压系统直流电压等级

高压系统直流电压等级					
114 V	288 V	317 V	346 V	400 V	576 V

注:由于电动汽车技术进步、整车布置空间方面的因素,在具体应用时,可采用偏离该电压等级的其他的电压。

(2) 高压触电

在我们的生活中电能发挥着重要作用,但是不正确的操作会带来触电的危险。

当人体和电源构成闭合回路,就会有电流流过人体,一旦超过安全值,就会引发触电事故,如图 2-1 所示。

微课
高压电的危害

图 2-1　人体和电源构成闭合回路引发触电事故

带有高压系统的车辆维修中,触电事故给人带来的伤害有电击和电伤。电击是指电流可能会对人体内部组织造成损伤,如心脏、肺部、神经系统等,使人出现窒息、痉挛、心博骤停等症状。电伤是指人体在触电时,电流可能会产生热效应、化学效应和电刺激,从而对人体产生电灼伤害。

电流对人体的伤害与通过人体的电流大小和通电时间有关,不同电流大小通过人体对于人体的伤害可以分为四个范围,如图 2-2 所示①～④。

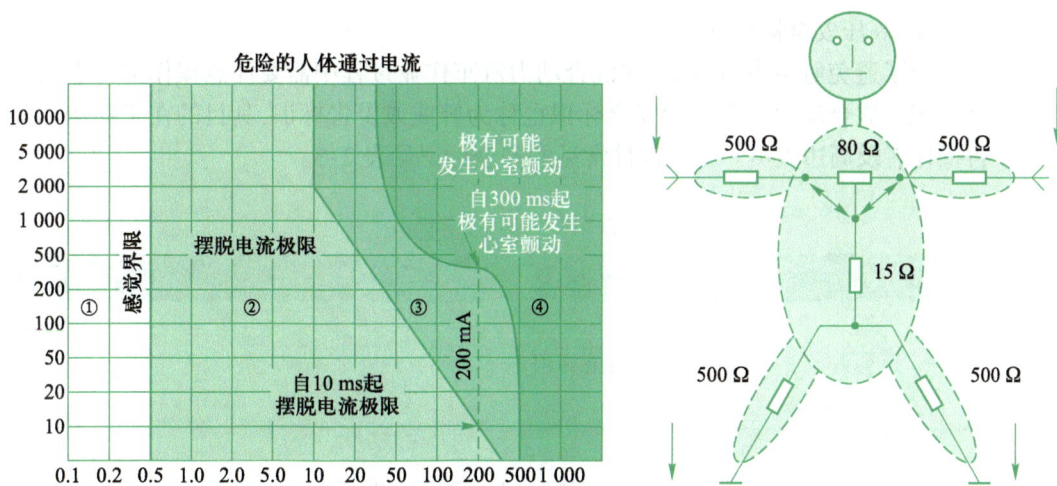

图 2-2　电击摆脱阈值

范围①:无明显感觉。

范围②:感知电流,直至肌肉收缩。该区域也是摆脱电流范围,摆脱电流是指人体触电后能自主摆脱电源的最大电流。实验表明,超过 2 s,成年男性的平均摆脱电流约为 16 mA,成年女性的平均摆脱电流约为 10 mA。一旦超过摆脱电流极限,会造成致命伤害。

范围③:发生肌肉痉挛、呼吸困难。当电流为 200 mA,触电超过 300 ms,极有可能发生心室颤动。

范围④：心室颤动、呼吸和心跳停止。该区域极可能发生致命事故，此外，不同性别，身体不同部位的接触、皮肤表面的干燥程度等也会直接影响通过人体的电流大小。

（3）安全电压

根据国家标准《电动汽车安全要求》（GB 18384—2020）中对人员触电防护要求，考虑空气的湿度和人体在不同工作环境下的电阻，将电动汽车电压等级分为A、B两个安全级别，见表2-2。A级表示较为安全的电压等级，维修人员不需要进行特殊的防电保护。B级表示会对人体产生伤害，被认为是高压电，必须采用必要的防护设备对维修人员进行保护。该标准适用于车载驱动系统的最大工作电压是B级电压的电动汽车，包含纯电动汽车、插电式混合动力汽车、增程式混合动力汽车。

表2-2　电动汽车电压等级

电压等级	最大工作电压/V	
	DC（直流）	50～150 Hz AC（交流）
A（低电压）	$0 < U \leqslant 60$	$0 < U \leqslant 30$
B（高电压）	$60 < U \leqslant 1\ 500$	$30 < U \leqslant 1\ 000$

（4）高压安全标识

为了避免触电事故发生，在混合动力汽车作业过程中需要注意操作部件上的安全标识。混合动力汽车上的安全标识也称为警戒或警告标识，其目的在于提醒和警告操作者及周边人员。车辆部件常见的安全标识见表2-3。

表2-3　车辆高压部件安全标识

标识	指示含义
	注意标识
	高压警告/电击危险标识
	高压灼伤和触电标识
	有资质人员才可维修标识
	参照技术文件标识

2. 认识混合动力汽车高压部件

（1）混合动力汽车高压部件

混合动力汽车上橙黄色线束或者带有高压警示标识的元器件都属于高压部件，主要有 HV 蓄电池、高压控制器、车载充电机、电机控制器、驱动电机、电动压缩机总成、PTC 加热器、高压线束等，如图 2-3、图 2-4 所示。

动画
混合动力汽车
高压电器分布
（比亚迪秦）

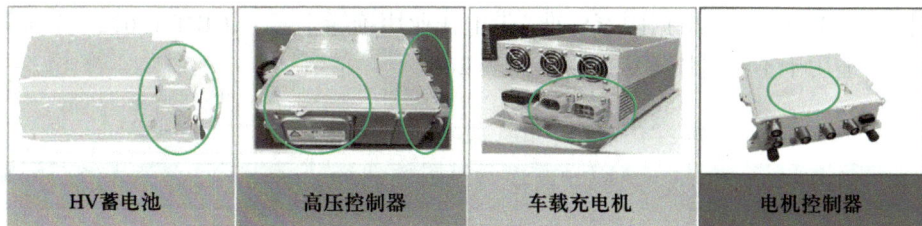

| HV 蓄电池 | 高压控制器 | 车载充电机 | 电机控制器 |

图 2-3　混合动力汽车上高压部件（一）

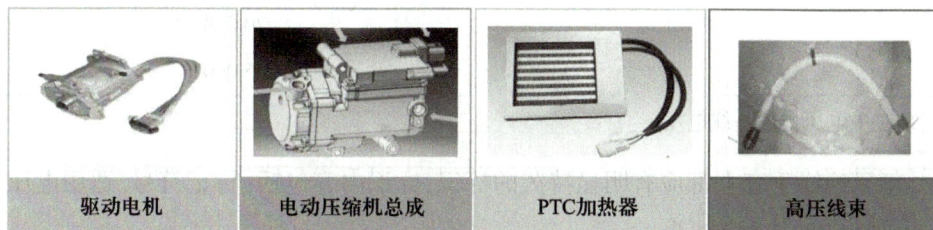

| 驱动电机 | 电动压缩机总成 | PTC加热器 | 高压线束 |

图 2-4　混合动力汽车上高压部件（二）

（2）混合动力汽车高压作业安全规范

混合动力汽车高压作业过程必须严格遵守相关的作业标准和安全注意事项。

① 非持证电工不准装接电动汽车高压电气设备；

② 作业过程中不准玩弄电气设备和开关；

③ 破损的电气设备应及时调换，不准使用绝缘损坏的电气设备；

④ 不得通过改动线路，使用车身电源对混合动力汽车以外部用电设备供电；

⑤ 任何人不准启动挂有警告牌的电气设备；

⑥ 不准用水冲洗揩擦电气设备；

⑦ 熔丝熔断时，不准调换容量不符的熔丝；

⑧ 不经技术部门或主管部门审批，不准私自改动和加装高压电器；

⑨ 雷雨天气，禁止在室外给车辆充电和维修；

⑩ 发现有人触电，应立即切断电源进行抢救，未脱离电源前不准直接接触触电者。

3. 混合动力汽车高压作业安全防护

目前混合动力汽车通常使用高压直流电池，电压一般在 200~400 V，进行混合动力汽车高压设备维护、检修作业时，必须严格遵守混合动力汽车作业规范，做好防护措施。

(1) 个人防护

高压安全防护的个人防护装备主要有绝缘手套、绝缘鞋、护目镜、绝缘地垫等。

1) 绝缘手套

绝缘手套由天然橡胶制成,主要用于电工作业,能够起到保护手或人体的作用,可防电、防水、耐酸碱、防油。在新能源汽车维修作业中,要求绝缘手套的防护等级需达到 1 000 V 以上,根据国家标准《带电作业用绝缘手套》(GB/T 17622—2008)中的分类,适用于不同电压等级的手套见表 2-4。

表 2-4   适用于不同电压等级的手套

级别	AC/V
0	380
1	3 000
2	10 000
3	20 000
4	35 000

注:在三相系统中电压指的是线电压。

每只绝缘手套上都应有明显持久的标识,标识内容包括:标记符号、适用电压等级、类别等,如图 2-5 所示。

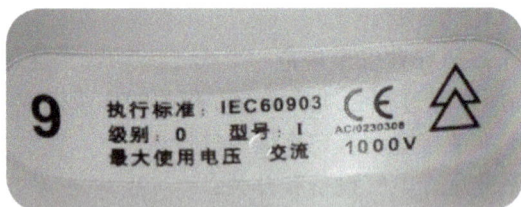

图 2-5   绝缘手套的标识

绝缘手套在使用前,需要检查是否有破损,可以通过检查气密性来判断,检查方法如图 2-6 所示。

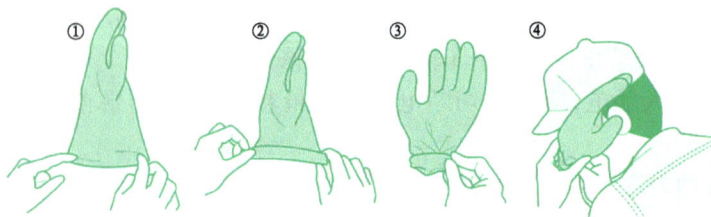

图 2-6   绝缘手套的检查方法

① 将手套侧放；

② 将开口向上卷 2 或 3 次；

③ 对折开口以将其封死；

④ 放在耳边挤压，确保没有空气泄漏。

2）防护眼镜

防护眼镜主要用于防止飞溅物和辐射光等对眼睛的伤害。防护眼镜有防尘眼镜、防冲击眼镜、防化学眼镜和防光辐射眼镜等多种。电气工作人员使用的防护眼镜一般是由透明塑料（或有机玻璃）制成，在取放低压熔断器和有飞溅物的场合使用，以防止熔断器炸裂或其他飞溅物伤害眼睛，如图 2-7 所示。

防护眼镜使用前的检查如下：

① 选用的防护眼镜应当是经检验机构检验合格的产品；

② 防护眼镜的宽窄和大小要适合使用者的脸型；

③ 镜片磨损粗糙及镜架损坏，会影响操作人员的视力，应及时更换；

④ 防止重压重摔，防止坚硬的物品摩擦镜片。

图 2-7　防护眼镜

3）绝缘鞋

绝缘鞋是由特种橡胶制成的，作用是使人体与地面绝缘，防止电流通过人体与大地之间构成通路，对人体造成电击伤害，降低触电的可能性。同时，新能源汽车维修工作用绝缘鞋还须具备防刺穿、防砸的功能，推荐使用工作电压 1 000 V 及以上的绝缘安全鞋，如图 2-8 所示。

4）电工安全帽

电工安全帽如图 2-9 所示，主要是用来保护操作人员头部，避免或缓解维修人员头部与车身、举升机碰撞等意外撞击所造成的伤害。

安全帽使用前的检查如下：

① 外观完好，无破损；

② 两侧织带完好，长度调整合适，卡扣性能良好；

③ 符合国家技术规定。

图 2-8　绝缘安全鞋

图 2-9　电工安全帽

（2）场地防护设置

在维修混合动力汽车前需要设置安全作业区域，如图 2-10 所示。

图 2-10   设置安全作业区域

安全作业区域设置要求如下：

① 设置警戒栏进行工位的隔离，提醒其他人员不要进入该施工区域。

② 铺放绝缘胶垫。

③ 在车顶或工位上放置醒目的高压警示牌。

④ 放置绝缘钩，用此工具可将受伤人员或物体安全地拖出危险区域，如图 2-11 所示。

4. 安全紧急措施注意事项

在带有高压电的车辆中，高压电系统的技术安全措施可有效防止对人体健康产生的危害。如果发生触电事故，知道如何正确救助事故人员十分重要。具体措施如下。

图 2-11   绝缘钩

① 判断是否属于带电流的事故。发生带电流的事故时，首要紧急措施是断开事故电路。在确保自身安全的情况下，关闭电源或使用绝缘工具使事故人员脱离电源。

② 拨打急救电话，报告事故地点、受伤人员、类型等。

③ 在等待过程中，查看事故人员的状况。如果事故人员有意识和呼吸，将事故人员置于安全环境，保持稳定侧卧状态，如图 2-12 所示。

图 2-12   事故人员侧卧状态

④ 如果事故人员失去知觉且不再呼吸,必须立即开始采取心肺复苏措施。心肺复苏措施包括交替按压胸腔和人工呼吸,流程如图 2-13 所示。必须持续执行该措施,直至事故人员恢复呼吸能力或救援服务人员到来。执行心肺复苏需接受专业的培训,操作不当会对事故人员造成严重伤害。

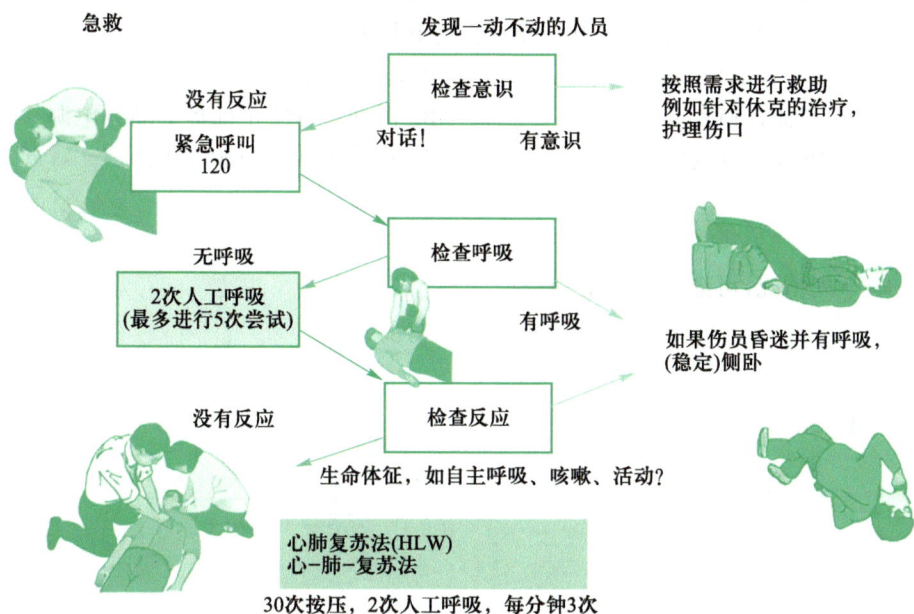

急救　　　　　　发现一动不动的人员

没有反应

检查意识

对话!

按照需求进行救助
例如针对休克的治疗,
护理伤口

紧急呼叫
120

有意识

无呼吸

检查呼吸

2次人工呼吸
(最多进行5次尝试)

有呼吸

如果伤员昏迷并有呼吸,
(稳定)侧卧

没有反应

检查反应

生命体征,如自主呼吸、咳嗽、活动?

心肺复苏法(HLW)
心-肺-复苏法

30次按压,2次人工呼吸,每分钟3次

图 2-13　心肺复苏流程

⑤ 每次发生带电流的事故时,都必须到医院检查。电流不仅只在短期内危害健康,影响可能会在几小时、几天或几星期后才出现。

知识测试

一、单项选择题

1. 根据国家标准规定的电动汽车高压系统电压等级,汽车高压系统直流超过(　　)为高压电。

　　A. 144 V　　　　B. 36 V　　　　C. 1 kV　　　　D. 576 V

2. 下列标识表示"高压警告/电击危险标识"的是(　　)。

　　A.　　　　B.　　　　C.　　　　D.

3. 下列不属于混合动力汽车高压部件的是(　　)。

　　A. 车身控制单元　　　　B. 车载充电机

C. 电动压缩机总成　　　　　　　　D. PTC 加热器

4. 关于混合动力汽车高压安全的有关描述,不正确的选项是(　　　)。

A. 非持证电工不准装接电动汽车高压电气设备

B. 断开电源后,将开关或操作开关的设备交由同行人员保管

C. 如发现绝缘工具受潮,清洁后方可使用

D. 雷雨天气,禁止在室外给车辆充电和维修

5. 发现有触电事故后,开展紧急救护首先需要的是(　　　)。

A. 实施心肺复苏　　　　　　　　　B. 保证自身安全前提下断开电源

C. 拨打紧急救护电话　　　　　　　D. 拉动事故人员脱离电源

二、多项选择题

1. 下列情况,可能遭受电击的是(　　　　　)。

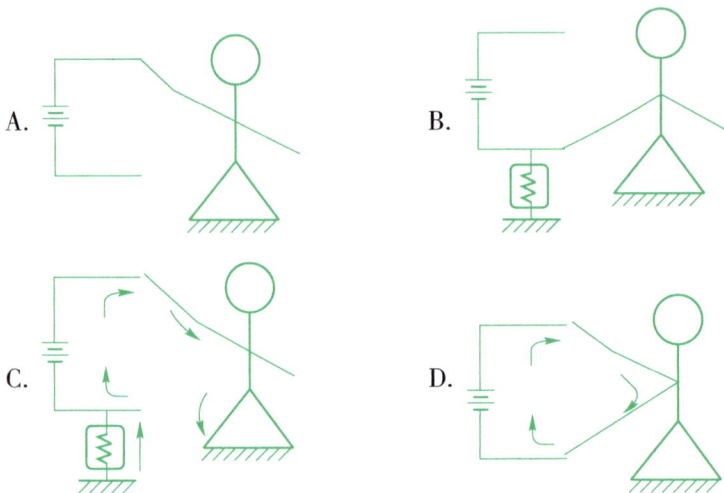

2.《电动汽车安全要求》(GB/T 18384—2020)中 B 级电压的范围是(　　　　　)。

A. $0 < U \leqslant 60$(DC)　　　　　　　B. $0 < U \leqslant 30$(AC)

C. $60 < U \leqslant 1\,500$(DC)　　　　　D. $30 < U \leqslant 1\,000$(AC)

3. 电流对人体的伤害程度,主要取决于(　　　　　)。

A. 性别　　　　　B. 身高　　　　　C. 通电时间　　　　D. 电流大小

4. 关于高压安全防护的个人防护装备,以下属于混合动力汽车高压作业个人防护装备的有(　　　　　)。

A. 绝缘手套　　　B. 绝缘鞋　　　　C. 防护眼镜　　　　D. 安全帽

5. 混合动力汽车高压作业过程必须严格遵守相关的作业标准和安全注意事项,下列说法正确的是(　　　　　)。

A. 非持证电工不准装接电动汽车高压电气设备

B. 不准利用车身电源对混合动力汽车以外部用电设备供电

C. 经过试验后,车主可以改动和加装高压用电器

D. 发现有人触电,应立即切断电源进行抢救,未脱离电源前不准直接接触触电者

6. 混合动力汽车上连接有橙黄色线束或者带有高压警示标识的元器件都属于高压部件,以下属于高压部件的有（　　　　　）。

  A. HV 蓄电池　　　　　　　　B. 高压控制盒

  C. 车载充电机　　　　　　　　D. 电动压缩机总成

7. 在对混合动力汽车作业过程中,可能出现的触电事故给人带来的伤害有（　　　　　）。

  A. 电击　　　　B. 电晕　　　　C. 电伤　　　　D. 电磁损伤

任务二　检查高压维修工具

任务描述

对于带有高压系统的混合动力汽车,维修作业需要做好人员防护设备的穿戴、维修工位场地设置。此外,高压系统的维修需要使用专用工具及设备,在维修作业前,务必完成工具及设备的检查工作。

学习目标

1. 了解混合动力汽车高压维修工具、设备的特点。
2. 掌握绝缘电阻测试仪、数字钳形电流表的使用方法。
3. 掌握绝缘工具的存放、检查方法。

知识学习

1. 绝缘工具

我国的绝缘工具分为 3 种类型。Ⅰ类工具是指采用普通基本绝缘的电动工具;Ⅱ类工具是指采用双重绝缘或加强绝缘的电动工具;Ⅲ类工具是指采用安全特低电压供电的电动工具,在防触电保护方面依靠安全隔离变压器供电。

混合动力汽车涉及高压的部分的零部件拆装维修必须使用Ⅱ类以上绝缘工具。绝缘工具是采用绝缘材料进行加工并适用于电气系统拆装等操作的实用工具。绝缘工具包括常用的套筒、开口扳手、起子、钳子、电工刀等,图 2-14 所示为绝缘工具套装。绝缘工具必须装有可防 1 000 V 交流电压和 1 500 V 直流电压以上的绝缘柄,使用时需要保持干燥同时需要检查是否存在绝缘破损。

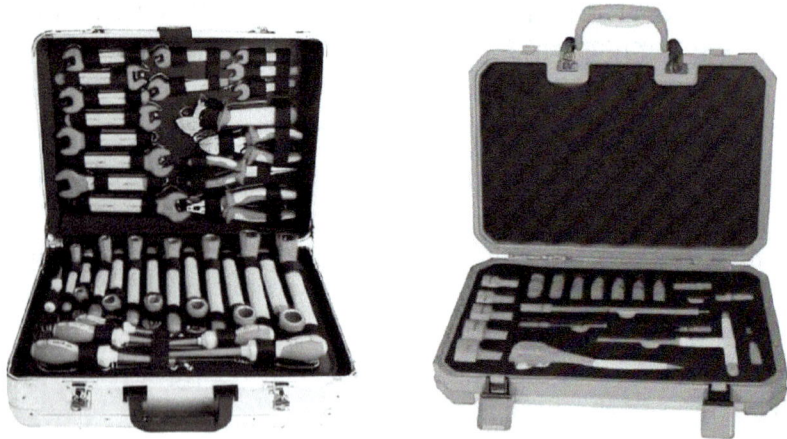

图 2-14   绝缘工具套装

2. 举升设备

当混合动力汽车动力蓄电池的质量为 400~500 kg 时,拆装动力蓄电池应使用动力蓄电池举升台。动力蓄电池举升台的作用是辅助操作员快速、准确、安全地拆装动力蓄电池,达到减少维修维护工作时间的目的,如图 2-15 所示。

不同生产厂家的举升台操作方式不尽相同,操作前要认真查阅操作说明书。动力蓄电池举升台的使用注意事项如下:

① 使用举升台前要仔细检查,确认无问题后方可投入使用;

② 举升台举升动力蓄电池时,台面要求保持水平;

③ 升降动力蓄电池过程中要注意锁止移动的滚轮;

④ 升降到指定位置后,要锁止开关,防止误触碰。

图 2-15   动力蓄电池举升台

3. 绝缘电阻测试仪

根据国家标准《电动汽车安全要求》(GB 18384—2020)对 B 级电压电路的绝缘要求,在最大工作电压下,直流电路绝缘电阻应大于 100 Ω/V,交流电路应大于 500 Ω/V,所有运行条件和全生命周期内都应满足此最小绝缘阻值的要求。

新能源汽车维修中使用数字式绝缘电阻测试仪,图 2-16 所示为 FLUCK1587 数字兆欧表,具有数字万用表与数字兆欧表功能。其底部左侧接口为数字兆欧表测试连接口,右侧接口为数字万用表测试连接口。使用数字兆欧表功能测试步骤如下。

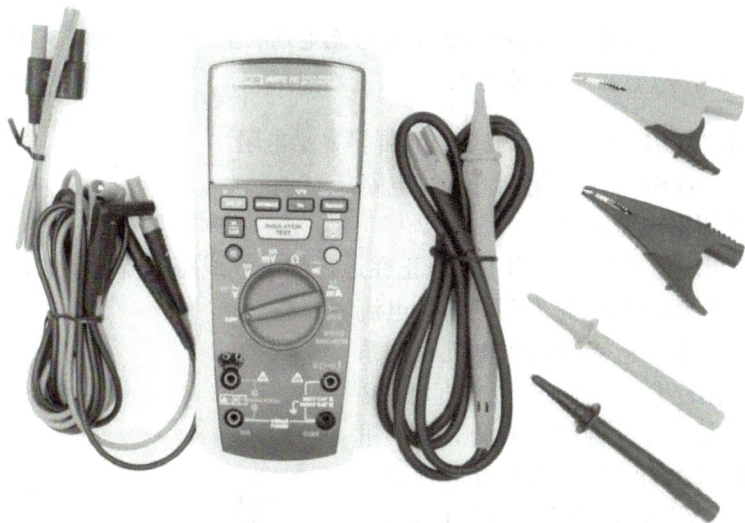

图 2-16 FLUCK1587 数字兆欧表

① 将测试探针插入"+"和"-"端子。

② 将测试旋钮开关旋转到"INSULATION"位置,当开关旋转到此位置,电表会自动检测电池电量,当显示电量不足时,不能进行绝缘测试。

③ 按下"RANGE"键选择电压量程,新能源汽车绝缘电阻测试通常选用1 000 V 量程,同时,数字兆欧表具有高电压保护功能,当被测线路电阻较小时,测试电压将不会继续升高。

④ 绝缘电阻测试仪的短路和开路测试。将两表笔短接,按下"TEST"键,测试结果为"0 M",说明表笔及绝缘电阻测试仪内部无开路故障;将两表笔悬空,按下"TEST"键,测试结果为"∞",说明表笔及绝缘表内部无短路故障。

注意:按照高压测试相关规定,测量过程中应单手操作。

⑤ 将表笔连接至测试电路,如图 2-17 所示。

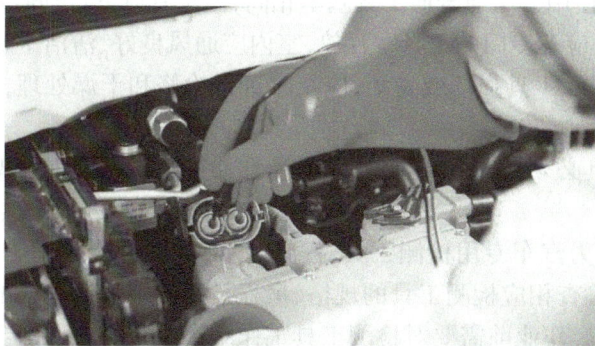

图 2-17 数字兆欧表绝缘测试

> 注意：进行绝缘测试前，确保测试电路无电压；当测试电路电压超过30 V，仪表显示高压符号($\nmid$)，测试将被禁止。

⑥ 按住"TEST"键，开始测试，直到屏幕显示电阻。

⑦ 释放"TEST"键，表笔离开测试电路。

4. 数字钳形电流表

数字钳形电流表是一种用于测量正在运行的电气线路电流大小的仪表，可在不断电的情况下测量电流，是专门测量大电流的电工仪器。由于新能源汽车电机驱动系统的导线存在较大的电流（交流或直流），必须使用钳形电流表进行间接测量。数字钳形电流表如图2-18所示，该表可进行交直流电压和电流测量，在交流和直流模式下，可读取高达1 000 V的电压和1 000 A的电流，并能够测量高达500 Hz的频率。

数字钳形电流表使用注意事项如下。

① 测量前，应先检查钳形铁心的橡胶绝缘是否完好无损。钳口应清洁、无锈，闭合后无明显的缝隙。

图2-18　数字钳形电流表

② 测量时，应先估计被测电流大小，选择适当量程。若无法估计，可先选较大量程，然后逐挡减少，转换到合适的量程挡位。转换量程挡位时，必须在不带电或者在钳口张开情况下进行，以免损坏仪表。

③ 测量时，被测导线应尽量放在钳口中部，钳口的结合面如有杂声，应重新开合一次，仍有杂声，应处理结合面，以使读数准确。另外，不可同时钳住两根导线。

④ 测量5 A以下电流时，为得到较为准确的读数，在条件许可时，可将导线多绕几圈，放进钳口测量，其实际电流值应为仪表读数除以放进钳口内的导线根数。

5. 绝缘工具其他注意事项

绝缘工具的使用方法与普通工具基本相同，但是有以下特别需要的注意事项：

① 绝缘工具应有专门的工具室存放，室内应通风良好、清洁干燥；

② 如发现绝缘工具损坏或受潮，应及时进行检修和干燥处理，试验合格后方可使用；

③ 绝缘工具必须按规定定期进行绝缘性能的试验，不符合试验要求的，禁止使用。

在用混合动力汽车专用检测工具对高压零部件进行检测作业和安全操作准备使用前，需要先检查相应检测工具的规格、量程是否满足作业车辆的需求，熟悉检测工具的操作流程。作业前需要对检测工具工作状态进行检查，确定检测工具工作状态正常后方可使用。若出现检测工具电量不足、损坏，应当及时维护和更换。

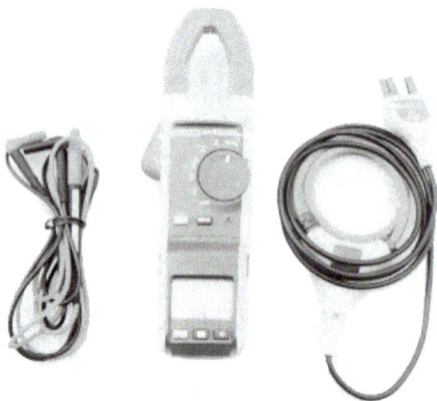

知识测试

一、单项选择题

1. 绝缘工具必须装有可防（　　　）交流电压以上的绝缘柄。

    A. 1 kV　　　　　B. 10 000 V　　　　C. 100 V　　　　D. 1 500 V

2. 绝缘工具必须装有可防（　　　）直流电压以上的绝缘柄,使用时需要保持干燥,同时需要检查是否存在绝缘破损。

    A. 1 kV　　　　　B. 10 000 V　　　　C. 100 V　　　　D. 1 500 V

3. 下列不属于常见混合动力汽车测试仪器的是（　　　）。

    A. 测试灯　　　B. 钳型电流表　　C. 数字式万用表　　D. 兆欧表

4. 关于混合动力汽车作业维修工具准备,下列说法不正确的是（　　　）。

    A. 绝缘工具应有专门的工具室存放,室内应通风良好、清洁干燥

    B. 如发现绝缘工具损坏或受潮,应及时进行检修和干燥处理,试验合格后方可使用

    C. 如发现绝缘工具损坏或受潮,应及时更换,并在试验合格后方可使用

    D. 绝缘工具必须按规定定期进行绝缘性能的试验,不符合试验要求的,禁止使用

5. 关于混合动力汽车检测工具,下列说法不正确的是（　　　）。

    A. 使用钳型电流表进行间接测量,可以在不断开电路的前提下,对电路电流进行测量

    B. 数字式万用表常用于测量系统中各组成部件的电流、电压和电阻等

    C. 为了测量高压系统的绝缘性能,维修检测时可用兆欧表对于高压元器件进行检测

    D. 为了测量高压系统的绝缘性能,维修检测时可用万用表对于高压元器件电阻进行检测

二、多项选择题

1. 我国的绝缘工具分为（　　　　）。

    A. 普通基本绝缘的电动工具

    B. 采用双重绝缘或加强绝缘的电动工具

    C. 采用安全高电压供电的电动工具

    D. 采用安全特低电压供电的电动工具

2. 关于绝缘电阻测试仪,下列说法正确的是（　　　　）。

    A. 与万用表电阻挡的功能一致,用于测量线路的电阻值

    B. 当显示电量不足时,不能进行绝缘测试

C. 进行绝缘测试前,确保测试电路无电压

D. 选择测量电压过高,测量线路电阻较小时,会损坏测试仪

3. 使用数字钳形电流表测试导线电流,导线缠绕 10 圈,测试结果显示 12 A,则导线中的实际电流值为(   )。

A. 120 A   B. 1.2 A   C. 120 mA   D. 12 A

任务三 混合动力汽车维修准备

任务描述

在检修带有高压的系统零部件前,必须完成车辆高压下电,使动力蓄电池之外的高压线路断电,确保维修人员安全。同时,因为混合动力汽车工作模式的特点,在进行发动机保养、汽车尾气检测等项目时,需要操作车辆进入相应的模式。

学习目标

1. 掌握混合动力汽车高压下电方法。
2. 理解混合动力汽车检查模式的目的及控制特点。
3. 掌握不同应用场景下,进入检查模式的方法。

知识学习

1. 混合动力汽车高压下电

高压下电是指在对新能源汽车的高压系统进行维修保养前,要切断动力蓄电池对外输出电能,以保证维修安全。下面以丰田普锐斯和理想 L9 两款车为例,介绍高压下电流程。

(1)丰田普锐斯高压下电

① 检查并确认车辆处于 IG–OFF 状态,并将智能钥匙移至检测区域外。

② 断开辅助蓄电池负极端子。

③ 检查绝缘手套是否完好并佩戴绝缘手套。

④ 按照图 2–19 所示顺序拆下维修塞,并放入口袋或带钥匙的盒子内。

⑤ 等待 10 min,使带转换器的逆变器总成内的高压电容器放电,然后拆下逆变器端子盖。

注意:互锁连接器固定在逆变器端子盖的背面,因此在拆装过程中,确保从逆变器上拆下盖时将其垂直向上拉。

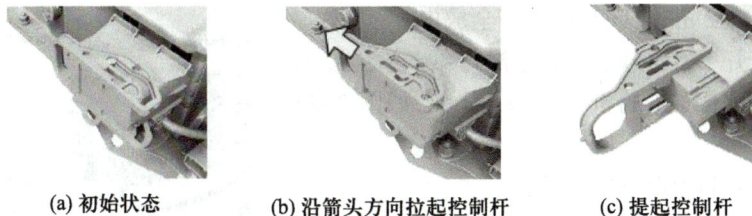

(a) 初始状态　　(b) 沿箭头方向拉起控制杆　　(c) 提起控制杆

图 2-19　拆卸维修塞

⑥ 测量并确认高压线路的电压读数为 0 V。

（2）理想 L9 高压下电

① 断开整车外部高压充电连接，如快、慢充电枪；

② 关闭整车低压电源，关闭电源按钮为中控屏 HMI（人机交互系统）内虚拟开关，如图 2-20 所示；

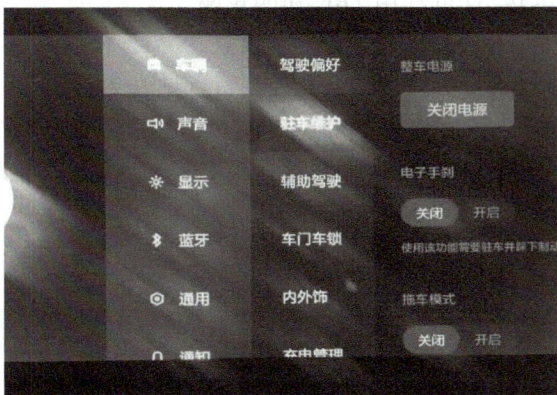

图 2-20　关闭整车低压电源

③ 关闭电源后断开辅助蓄电池负极连接；

④ 断开 DC/DC 低压输出（切断 KL30 供电），如图 2-21 所示；

图 2-21　断开 DC/DC 低压输出

⑤ 等待 2 min 以上，确保完全放电；

⑥ 断开 DC/DC 动力蓄电池母线连接器，测量并确认高压线路的电压读数为 0 V，如图 2-22 所示。

2. 混合动力汽车检查模式

（1）检查模式的必要性

混合动力汽车有两套动力系统，实际运行过程中，会根据最佳的动力输出和能耗控制发动机或电机输出。当车辆在保养、排放检测、速度表测试等情况下，需要发动机持续运转且禁止电机辅助，就需要车辆进入检查模式。

以丰田混合动力系统为例，通过进入检查模式，发动机可持续运转，且可禁用 TRC 和四轮驱动。在不同使用条件下，检查模式分为保养模式、认证模式两种，两种模式下的应用场景和控制特点见表 2-5。

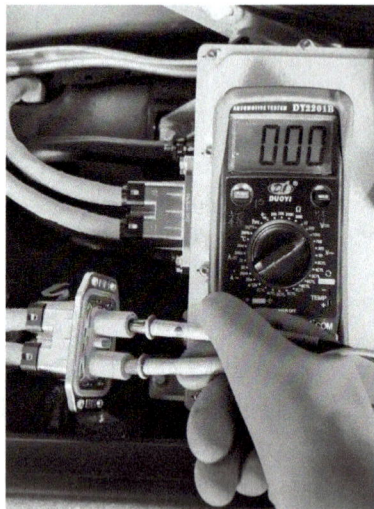

图 2-22　测量动力蓄电池母线电压

保养模式下的急速转速约为 1 000 r/min。选择驻车挡（P 挡）的情况下，加速踏板的踩下程度低于 60% 时，发动机转速升高至 1 500 r/min。加速踏板的踩下程度高于 60% 时，发动机转速增至 2 500 r/min。

表 2-5　检 查 模 式

驱动类型	检查模式	应用场景	控制特点
前轮驱动	保养模式	点火正时测试 急速转速测试	发动机持续运转 电机 TRC 禁用 四轮驱动禁用（E-four 车型）
	认证模式	排放测试（CO、HC） 速度表测试 2 轮底盘测功机测试	电机 TRC 禁用 四轮驱动禁用（E-four 车型）
四轮驱动	保养模式	点火正时测试 急速转速测试	发动机持续运转 电机 TRC 禁用
	认证模式	排放测试（CO、HC） 4 轮底盘测功机测试	电机 TRC 禁用

（2）激活检查模式

激活检查模式可以通过手动方式和使用智能检测仪激活。

1）手动方式激活

手动方式激活检查模式如图 2-23 所示。

以前轮驱动激活保养模式为例，在 60 s 内，进行以下步骤。

① 将电源开关置于 ON（IG）位置。

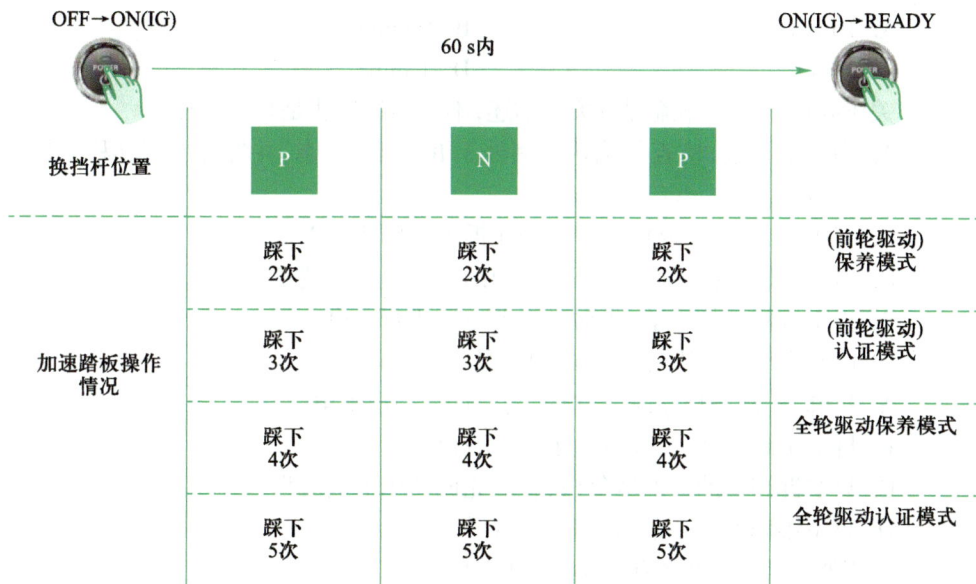

	OFF→ON(IG)	60 s内	ON(IG)→READY	
换挡杆位置	P	N	P	
加速踏板操作情况	踩下2次	踩下2次	踩下2次	(前轮驱动)保养模式
	踩下3次	踩下3次	踩下3次	(前轮驱动)认证模式
	踩下4次	踩下4次	踩下4次	全轮驱动保养模式
	踩下5次	踩下5次	踩下5次	全轮驱动认证模式

图 2-23 手动方式激活检查模式

② 选择驻车挡（P 挡）时，完全踩下加速踏板两次。

③ 选择空挡（N 挡）时，完全踩下加速踏板两次。

④ 选择驻车挡（P 挡）时，完全踩下加速踏板两次。

⑤ 检查并确认多信息显示屏上显示 "MAINTENANCE MODE"。

⑥ 踩下制动踏板，通过将电源开关置于 ON（READY）位置起动发动机。

2）使用智能检测仪激活

以激活保养模式用于怠速转速测试为例，具体步骤如下。

① 将智能检测仪（IT-II）连接至诊断接口（DLC3）。

② 将电源开关置于 ON（IG）位置。

③ 打开智能检测仪，进入以下菜单：Powertrain/Hybrid Control/Utility/Inspection Mode。

④ 检查并确认多信息显示屏上显示 "MAINTENANCE MODE"。

⑤ 踩下制动踏板时，通过将电源开关置于 ON（READY）位置起动发动机。

注意：未取消检查模式时驾驶车辆可能损坏传动桥，电源开关置于 OFF 位置可以解除保养模式。

知识测试

一、单项选择题

1. 丰田普锐斯在完成混合动力汽车高压下电后，为了保证安全性，等待（　　　），然后拆下逆变器端子盖进行验电，确认高压线路的电压读数为 0 V。

  A. 10 min   B. 50 min

  C. 2 min   D. 1 min

2. 关于高压下电工作流程有关的描述,不正确的说法是(　　　)。

  A. 高压下电前,检查并确认车辆处于 IG-OFF 状态,并将智能钥匙移至检测区域外

  B. 高压下电前,需要按照一定顺序拆下维修塞把手

  C. 拆下维修塞把手前,先要断开辅助蓄电池负极端子

  D. 拆下维修塞把手前,先对逆变器总成进行验电

3. 关于高压下电流程,不正确的说法是(　　　)。

  A. 拆卸、检修高压系统零部件,需要进行高压下电

  B. 拆下维修塞把手,并放置于工作服口袋

  C. 只要拆卸辅助蓄电池负极,就能完成高压下电流程

  D. 拆下维修塞把手前,要佩戴绝缘手套

4. 关于激活普锐斯检查模式,说法正确的是(　　　)。

  A. 可以使用智能检测仪激活

  B. 通过切换驾驶环境的方式激活

  C. 只可以通过手动操作的方式激活

  D. 以检查模式进入后,起动汽车,发动机将无法起动

5. 关于检查模式,下列说法正确的是(　　　)。

  A. 在对车辆进行检查前,车辆进入检查模式

  B. 维修高压系统零部件前,车辆进入检查模式

  C. 仅在用于车辆年检进行速度表测试、尾气测试等项目检测时,车辆进入检查模式

  D. 检查模式分为保养模式和认证模式

二、多项选择题

1. 关于前轮驱动车辆手动进入保养模式,下列说法正确的是(　　　　)。

  A. 选择驻车挡(P 挡)时,完全踩下加速踏板两次

  B. 选择驻车挡(N 挡)时,完全踩下加速踏板两次

  C. 整个过程在 60 s 内完成

  D. 选择挡位切换顺序为 N-P-N

2. 关于前轮驱动车辆保养模式,下列说法正确的是(　　　　)。

  A. 在保养模式下,车辆可以由发动机驱动正常行驶

  B. 在保养模式下,发动机持续运转

  C. 保养模式下,踩下加速踏板,发动机转速升高至 1 500 r/min

  D. 保养模式下,可进行点火正时测试、怠速转速测试

3. 关于高压下电工作流程的描述,正确的是(　　　　　)。

  A. 互锁连接器固定在逆变器端子盖的背面,因此在拆装过程中,确保从逆变器上拆下盖时将其垂直向上拉

  B. 完成上电操作后,需要检查并确认车辆处于 READY-ON 状态

  C. 不同品牌的混合动力汽车的高压维修开关位置、打开方式和验电方式等一样

  D. 维修开关必须由专人保养,谁操作高压,谁保管

学习情境二工作页

任务工单：混合动力汽车维修作业准备

姓名		学号	
指导教师		工位	

1. 指出混合动力汽车高压零部件的名称及安装位置，并画出连接位置关系图，范例如图2-24所示。

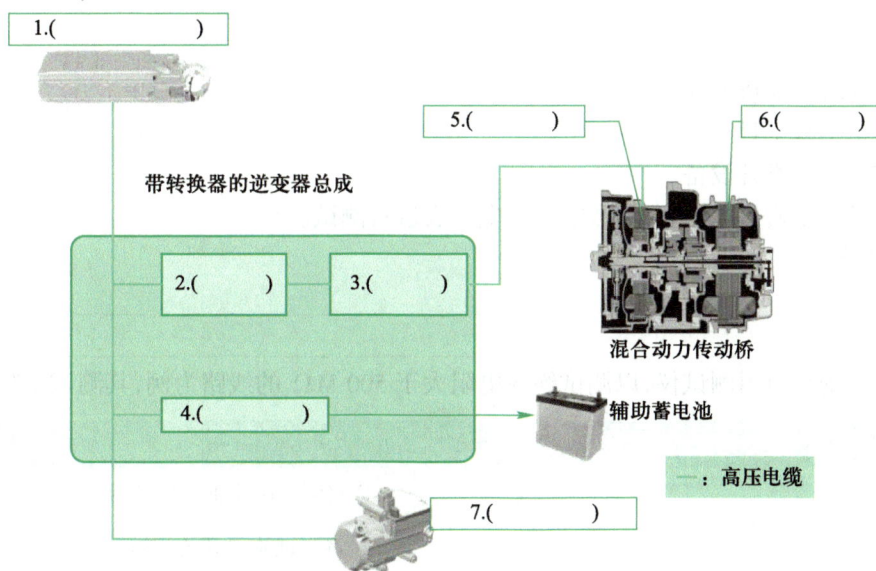

1.(　　　　)

带转换器的逆变器总成

5.(　　　) 　　6.(　　　)

2.(　　　) 　3.(　　　)

混合动力传动桥

4.(　　　)

辅助蓄电池

7.(　　　)

：高压电缆

图2-24　混合动力汽车高压零部件

2. 识别高压零部件标识含义，并填写下表。

标识	指示含义	标识	指示含义
⚠		⚡	

3. 检查并佩戴安全防护工具，将检查内容及结果填入下表。

安全防护工具名称	检查内容及结果

4. 设置安全作业工位，主要内容有：
① _____
② _____
③ _____
④ _____

5. 准备高压维修工具
① 准备绝缘工具。
② 准备电池举升设备。
③ 准备数字钳形电流表，用数字钳形电流表进行测试。
测试步骤：

_____

④ 检查绝缘电阻测试仪，以测试绝缘电阻大于 500 MΩ 的线路为例，其测试步骤见下表。

绝缘电阻测试仪	检查内容
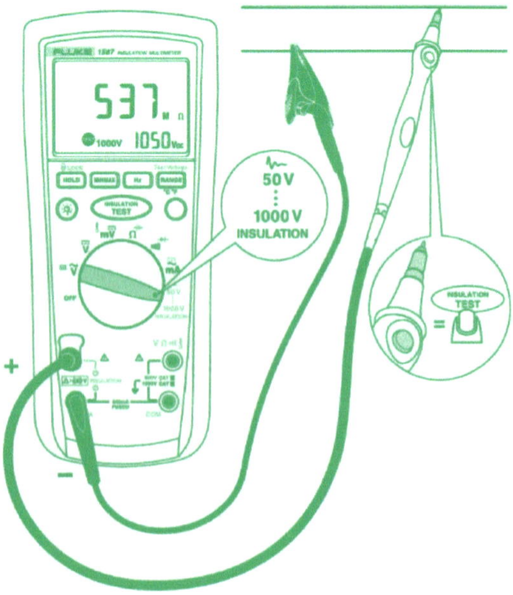	① 将测试探针插入"__"和"__"端子
	② 将测试旋钮开关旋转到"____"位置；当开关选择到此位置，绝缘电阻测试仪会自动检测电池电量，当显示电量不足（▇＋），不能进行绝缘测试
	③ 按下"_____"键选择电压_____
	④ 将表笔连接至测试电路；注意：进行绝缘测试前，确保测试电路无电压；当测试电路电压超过 30 V，仪表显示高压符号（⚡），测试将被禁止
	⑤ 按住"_____"键，开始测试，直到屏幕显示电阻。绝缘电阻为大于____
	⑥ 释放"____"键，表笔离开测试电路

6. 混合动力汽车高压下电,步骤如下:

① 检查并确认车辆处于_____状态;

② 断开_____;

③ 检查绝缘手套是否完好并佩戴绝缘手套;

④ 拆下维修塞把手;

⑤ 等待____min,目的是_____;

⑥ 测量并确认高压线路的电压读数为____V。

7. 车辆进入检查模式。

(1) 以下场景,填入对应的模式。

① 加注发动机机油后运行发动机。② 点火正时测试。③ 速度表测试。

④ 底盘测功机测试。⑤ 怠速转速测试。⑥ 排放测试。

保养模式:_____

认证模式:_____

(2) 补充完整手动激活保养模式的步骤。

① 将电源开关置于_____位置。

② 选择驻车挡_____时,完全踩下_____两次。

③ 选择空挡_____时,完全踩下_____两次。

④ 选择驻车挡_____时,完全踩下_____两次。

⑤ 检查并确认多信息显示屏上显示 "MAINTENANCE MODE"。

⑥ 踩下制动踏板,通过将电源开关置于 ON(READY)位置起动发动机。

(3) 分别进入保养模式与认证模式,记录以下数据。

要检查的项目		保养模式	认证模式
多信息显示屏上是否显示警告信息			
组合仪表上的哪个警告灯点亮			
发动机是否起动			
怠速运转状态下的发动机转速是多少		r/min	r/min
操作加速踏板	踩下加速踏板一半时	rpm	rpm
	完全踩下加速踏板时	rpm	rpm

评价表：混合动力汽车维修作业准备

评估指标	评估内容	优秀	良好	一般	需改进
学科知识掌握	了解触电方式及电流对人体的伤害				
	熟悉高压部件及安全标识的含义				
	熟悉高压维修工具、设备				
	掌握触电事故救护方法				
问题解决能力	能够进行维修作业前场地安全准备				
	能够使用绝缘检测设备进行测量				
	能够进行汽车高压电下电操作				
	能够设置车辆进入检查模式				
创新思维	提出不同环境下进行安全防护准备的不同方案				
	创造性提出安生在生产的延展				
沟通和合作能力	有效向他人解释技术				
	能够有效协同合作				
	参与小组项目和团队活动主动性				
自主学习和持续进步	学习态度与动力				
	学习方法与策略				
	信息获取与分析				
	自我评价与反思				
评估说明	优秀(5分)：学生在该指标上表现出色，能够熟练掌握、灵活应用，并展现出较高水平。 良好(4分)：学生在该指标上表现良好，能够掌握和应用，但有少量细节方面需要改进。 一般(3分)：学生在该指标上表现一般，基本掌握知识和能力，但需要加强理解和应用。 需改进(2分)：学生在该指标上表现较弱，掌握不足，需加强学习和提升能力				

学习情境三 ▶▶▶

检修混合动力汽车电源系统

▶ **情境描述**

　　车主反映混合动力汽车无法行驶,信息屏提示"动力系统故障",维修技师初步判断,需要检修混合动力汽车电源系统。

🎬动画

丰田普锐斯混
合动力汽车动
力系统构造与
检修

任务一　识别混合动力汽车电源系统

任务描述

混合动力汽车电源系统中包含动力电源(高压电源系统)与辅助电源(低压电源系统),本任务将学习混合动力汽车高压电源系统与低压电源系统的组成及原理。

学习目标

1. 了解混合动力汽车高压电源系统的组成,能在车辆上识别高压蓄电池、高压电传输导线,能识别高压蓄电池的充电方式。

2. 了解混合动力汽车高压电源系统的功用,能根据传输线路图识别高压电源系统的电流流向。

3. 了解混合动力汽车低压电源系统的组成与功用,能在车辆上识别低压辅助蓄电池,并理解低压辅助蓄电池的充电过程。

知识学习

1. 混合动力汽车电源系统概述

混合动力汽车有高压蓄电池(高压)与辅助蓄电池(低压)两类电池。高压蓄电池也称为 HV 蓄电池,以丰田普锐斯为例,其高压蓄电池直流电压 201.6 V,辅助蓄电池直流电压 12 V,辅助蓄电池主要给汽车的低压用电设备及控制系统提供电能。

高压蓄电池主要用于车辆驱动电机等高压部件,相比纯电动汽车的动力蓄电池,其容量、体积较小,可以灵活安装在中央扶手下、后排座椅下或车辆中央靠地板位置,如图 3-1 所示。

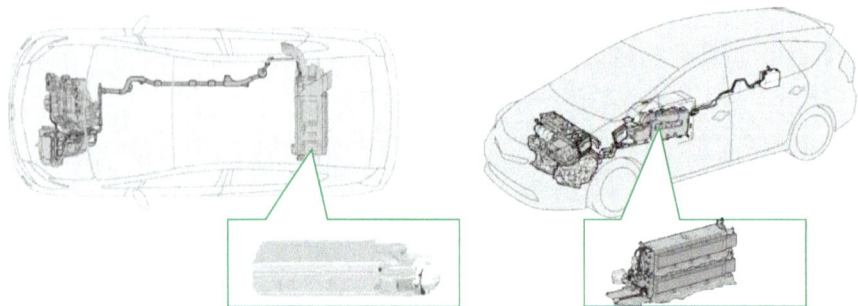

图 3-1　高压蓄电池的安装位置

辅助蓄电池为 12 V 铅酸蓄电池，主要用于车辆灯光、仪表、风窗玻璃升降器等低压部件，普锐斯辅助蓄电池安装于发动机舱或行李舱，如图 3-2 所示。由于辅助蓄电池安装在行李舱密闭的空间内，为防止辅助蓄电池充电过程中产生的氢气聚集，引起燃烧与爆炸事故，需安装氢排放软管，将氢气排到车外。

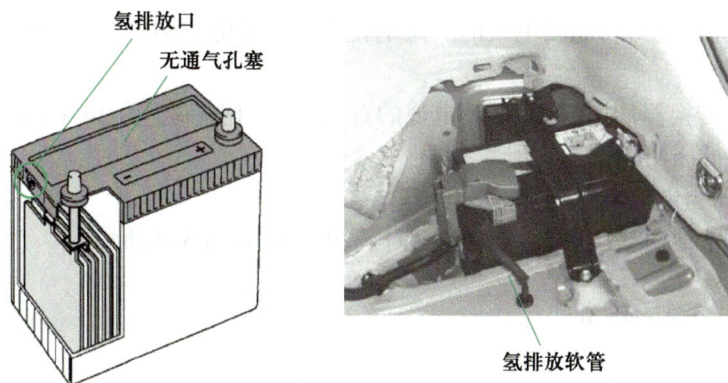

图 3-2　辅助蓄电池的安装位置

2. 混合动力汽车高压电源系统

（1）混合动力汽车高压电源系统的组成与功用

混合动力汽车高压电源系统由高压蓄电池、高压线缆、车载充电机（插电式）、交流充电接口（插电式）、直流充电接口、发电机、电机控制器、DC/DC 转换器等组成，如图 3-3 所示。

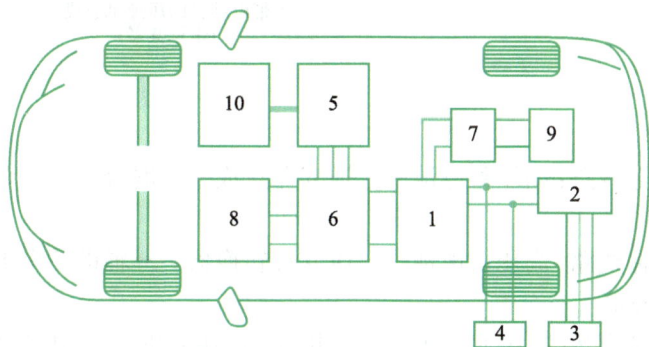

1—高压蓄电池；2—车载充电机；3—交流充电接口；4—直流充电接口；5—发电机；
6—电机控制器；7—DC/DC 转换器；8—驱动电机；9—辅助蓄电池；10—发动机

图 3-3　高压电源系统的组成

高压蓄电池功用：储存来自车载充电机和发电机的电能，为驱动电机和其他高压用电设备提供电能。

高压线缆功用：连接高压蓄电池与高压系统中的高压部件。

车载充电机功用：将外部电网的交流电转换为匹配高压蓄电池的直流电，给车辆高压蓄电池充电。

交流充电接口功用：与外部交流电网连接，将电能传输至车载充电机。

直流充电接口功用：与直流充电桩连接，将电能传输至高压蓄电池。

发电机功用：由发动机驱动产生电能给高压蓄电池充电。

逆变器总成功用：将高压蓄电池的直流电调整为与驱动电机相匹配的交流电，用于驱动车辆；也可将驱动电机的交流电转换为直流电并调整至与高压蓄电池匹配的充电电压。

DC/DC 转换器功用：将高压蓄电池的直流高压，下降调整为 14 V，为辅助蓄电池充电以及供低压用电设备使用。

（2）高压蓄电池电能传输

高压蓄电池向高压用电器进行电能传输的线路如图 3-4 所示。

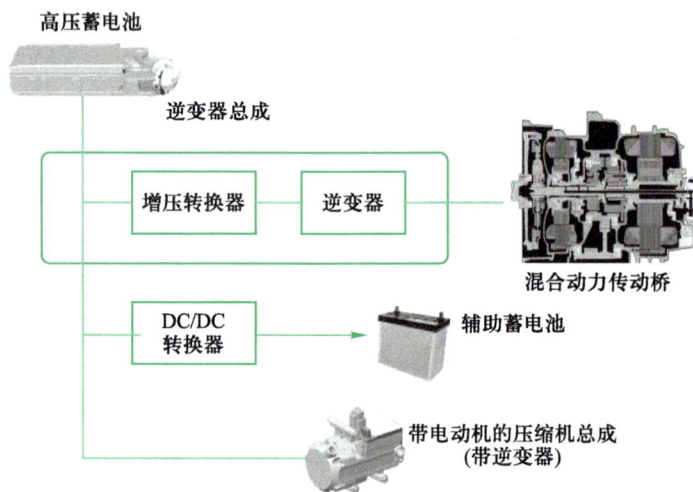

图 3-4　高压蓄电池电能传输

第一条传输线路：高压蓄电池——逆变器总成——混合动力传动桥，用于驱动车辆。

第二条传输线路：高压蓄电池——DC/DC 转换器——辅助蓄电池，用于给辅助蓄电池（12 V）充电。

第三条传输线路：高压蓄电池——带电动机的压缩机总成，用于驱动压缩机，产生空调制冷效果。

高压蓄电池充电时电能传输的线路如图 3-5 所示。

第一条充电线路：发电机—逆变器总成—高压蓄电池。

第二条充电线路：外部交流电网—交流充电接口—车载充电机—高压蓄电池，适用于插电式混合动力汽车。

第三条充电线路：外部交流电网—直流充电桩—直流充电接口—高压蓄电池，适用于插电式混合动力汽车。

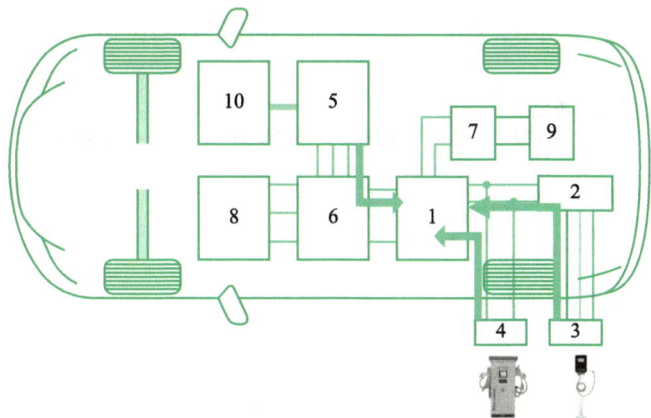

1—高压蓄电池；2—车载充电机；3—交流充电接口；4—直流充电接口；5—发电机；
6—逆变器总成；7—DC/DC 转换器；8—驱动电机；9—辅助蓄电池；10—发动机

图 3-5　高压蓄电池充电时的电能传输

3. 混合动力汽车低压电源系统

（1）低压电源系统的组成与功用

混合动力汽车低压电源系统由辅助蓄电池、DC/DC 转换器组成，如图 3-6 所示。

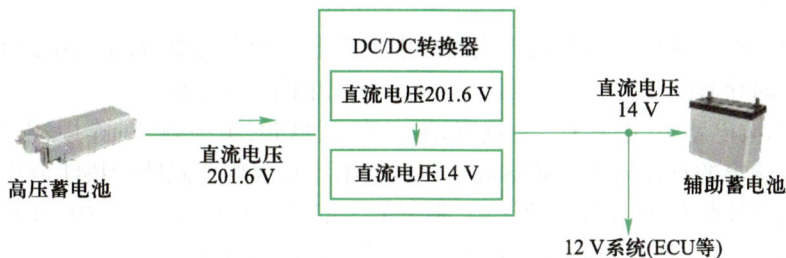

图 3-6　低压电源系统的组成

辅助蓄电池功用：辅助蓄电池直流电压为 12 V，用于给传统的用电器设备及控制系统提供电能，同时为控制高压蓄电池接通与断开的执行器（高压继电器）提供电能。

DC/DC 转换器功用：将来自高压蓄电池的高压直流电转换成 14 V 的低压直流电，给低压辅助电池充电，同时供整车的低压负载使用。

（2）DC/DC 转换器结构与工作原理

DC/DC 转换器由开关电桥电路、隔离变压器、整流二极管及 LC 滤波电路构成，实现直流电压转换的功能，具备稳定高效的特点，如图 3-7 所示。

开关电桥电路由晶体管 VT1~VT4 分别与整流二极管 VD1~VD4 组成。开关电桥电路向隔离变压器初级线圈进行供电控制，使隔离变压器次级线圈产生感应电压。整流二极管为变压器次级线圈产生的反向电压提供电流回路，降低反向电压对晶体管的影响，起到保护晶体管的作用。

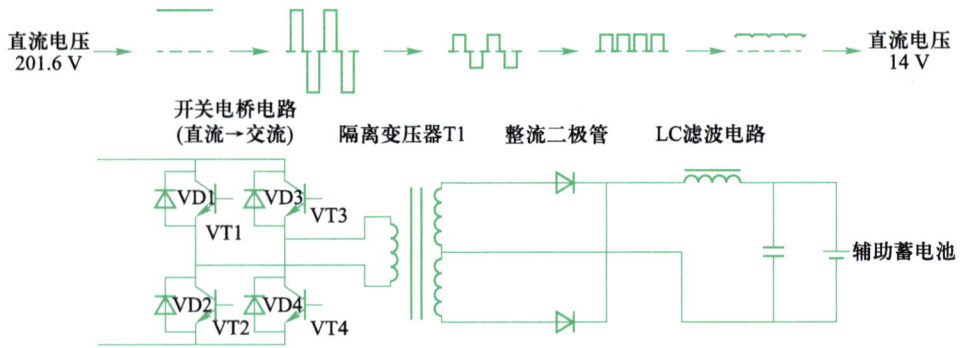

图 3-7　DC/DC 转换器结构与工作原理

当 VT1 和 VT4 导通时,初级线圈电流的方向为从下到上;当 VT2 和 VT3 导通时,改为由上到下。如此反复地切换控制 VT1 至 VT4 晶体管,通过变压器初级线圈的电流就变成了一个交流电流,并使隔离变压器次级线圈产生相应的感应电压,电压大小与变压器初级线圈与次级线圈匝数比、电桥电路脉宽调制(PWM)控制信号的占空比有关。

隔离变压器 T1 的初级线圈通入交流电,产生变化的磁场并在次级线圈产生感应电压,实现输出电压对输入高压的隔离,并与开关电桥电路一同完成直流转换为交流的功能。

整流二极管隔离变压器次级线圈产生感应电压为交流电压,整流电路利用了二极管的单向导通性,使流经二极管的交流电变成单向的直流电。

LC 滤波电路中,电感有"通直流,阻交流,通低频,阻高频"的作用,电感 L 对二极管整流输出的直流电中高频谐波信号进行阻止吸收变成磁感和热能消耗掉,同时电容具有"阻直流,通交流"的作用,剩下的大部分交流低频信号被电容旁路到地,通过 LC 滤波电路使得在输出端就获得比较纯净的直流电流。

知识测试

一、单项选择题

1. 混合动力汽车电源系统有(　　)蓄电池。

　　A. 一类　　　　B. 两类　　　　　C. 三类　　　　　　D. 四类

2. 高压蓄电池主要用于(　　)。

　　A. 给传统用电器供电　　　　　　　　B. 给各控制单元供电

　　C. 给发电机励磁功能供电　　　　　　D. 给驱动电机供电

3. 发电机由(　　)驱动产生电能给高压蓄电池充电。

　　A. 变速器　　　　　　　　　　　　　B. 发动机

　　C. 驱动电机　　　　　　　　　　　　D. 辅助蓄电池

4. DC/DC 转换器的功用是将高压蓄电池的(　　),下降调整为 14 V,为辅助电池充电。

    A. 直流高压   B. 交流高压

    C. 直流低压   D. 交流低压

5. 用于驱动空调压缩机的高压电能传输线路是(　　)。

    A. 高压蓄电池—带电动机的压缩机总成

    B. 高压蓄电池—逆变器总成—带电动机的压缩机总成

    C. 高压蓄电池—DC/DC 转换器—带电动机的压缩机总成

    D. 高压蓄电池—DC/DC 转换器—辅助蓄电池—带电动机的压缩机总成

二、多项选择题

1. 用于驱动汽车的高压电能经过(　　)。

    A. 高压蓄电池   B. 辅助蓄电池

    C. 逆变器总成   D. 混合动力传动桥

2. 插电式混合动力汽车直流充电的充电线路包含(　　)。

    A. 外部电网   B. 直流充电桩

    C. 直流充电接口   D. 高压蓄电池

3. 辅助蓄电池充电的线路包含(　　)。

    A. 高压蓄电池   B. DC/DC 转换器

    C. 辅助蓄电池   D. 逆变器总成

4. LC 滤波电路中,电感有(　　)的作用。

    A. 通直流   B. 阻交流

    C. 通低频   D. 阻高频

5. DC/DC 转换器由(　　)构成,实现直流电压转换的功能。

    A. 开关电桥电路   B. 隔离变压器

    C. 整流二极管   D. LC 滤波电路

任务二　检修混合动力汽车高压蓄电池总成

任务描述

高压蓄电池总成是混合动力汽车的电能来源之一。在日常使用过程中,由于高压蓄电池总成的故障会造成车辆纯电续驶里程缩短或电机不能参与动力输出,影响车辆的正常使用。本任务将学习高压蓄电池的类型、高压蓄电池总成的组成及高压蓄电池相关控制。

学习目标

1. 了解混合动力汽车高压蓄电池总成的组成,能使用维修手册识别高压蓄电池总成的各部件。

2. 了解混合动力汽车高压蓄电池总成的各部件功能,能使用维修设备对各部件进行检测与维修。

3. 能运用故障排除 5 步法对高压蓄电池总成故障进行排除。

4. 能使用维修手册,按安全要求进行高压蓄电池总成的更换。

知识学习

1. 高压蓄电池类型

（1）镍氢电池

镍氢电池的电极材料为镍化合物和其他金属化合物,采用氢氧化钾作为电解液。相对于镍镉电池,镍氢电池具有更高的能量密度,不含铅、镉这样的重金属。相对于纯电动汽车常用的锂离子电池,镍氢电池能量密度较低,但更加安全、稳定。

（2）锂离子电池

锂离子电池是新一代的电池,内部结构为锂化合物,电极材料使用的是不同的锂金属氧化物和石墨,用不同的锂盐溶剂作为电解液。锂离子电池仅含有少量水分,且无记忆效应。其能量密度超过镍氢电池的两倍。在功率相同的情况下,这种电池在电动汽车上占据更小的空间,可以为乘坐人和行李舱留出更多空间。

2. 高压蓄电池总成的组成

以丰田普锐斯为例,其高压蓄电池总成由蓄电池模块、维修塞、系统主继电器、高压蓄电池冷却鼓风机、高压蓄电池智能单元等组成,如图 3-8 所示。

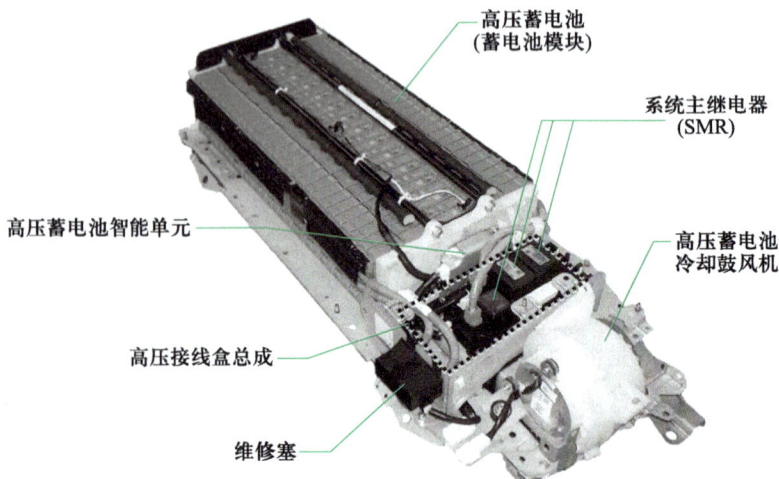

图 3-8　高压蓄电池总成组成

（1）蓄电池模块

以丰田普锐斯为例，其镍氢高压蓄电池由 28 个蓄电池模块组成，每个模块由 6 个单体电池组成，每个单体电池电压为 1.2 V，每个蓄电池模块电压为 7.2 V，高压蓄电池总直流电压为 7.2 V×28=201.6 V，如图 3-9（a）所示。

以一汽丰田卡罗拉插电式混合动力汽车为例，其动力蓄电池采用锂离子电池，由 20 个蓄电池模块组成，每个模块由 60 个单体电池形成（其中每 15 个单体电池先并联，再将 4 个并联体进行串联形成蓄电池模块）；每个单体电池电压为 3.7 V，每个蓄电池模块电压为 14.8 V，高压蓄电池总直流电压为 14.8 V×20=296 V，如图 3-9（b）所示。

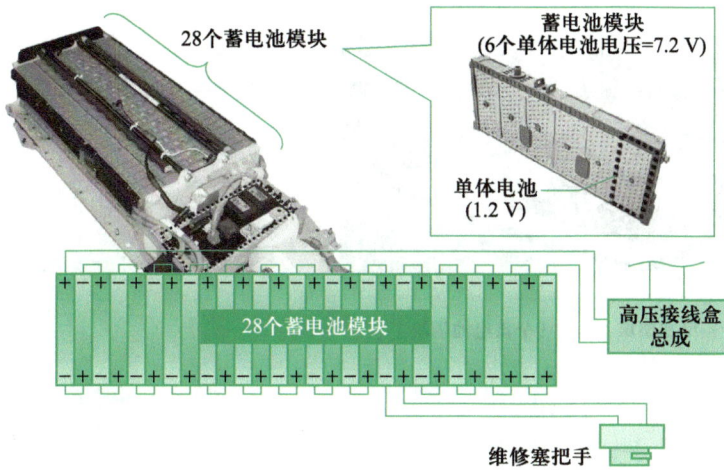

(a) 丰田普锐斯镍氢高压蓄电池

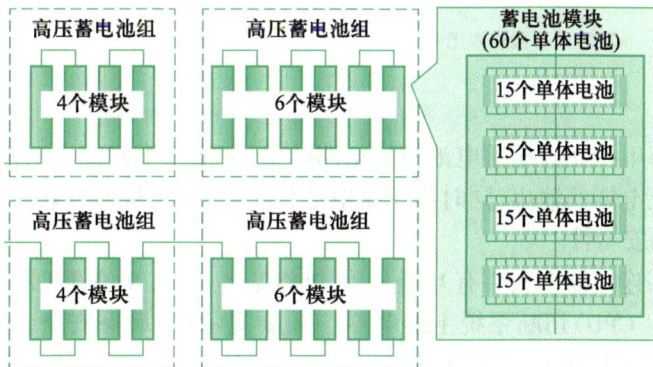

(b) 一汽丰田卡罗拉锂离子高压蓄电池

图 3-9 蓄电池模块

蓄电池电解液有腐蚀性,应注意:

① 请勿触摸蓄电池泄漏出来的任何液体;

② 处理泄漏的液体时,须佩戴橡胶手套和护目镜;

③ 处理镍氢蓄电池泄漏时,须用饱和硼酸溶液中和泄漏液体后,再用抹布或布条擦净;

④ 处理锂离子蓄电池泄漏时,须用肥皂溶液中和泄漏液体后,再用抹布或布条擦净。

(2) 维修塞

维修塞用来在维修过程中对高压电路进行手动切断,以确保维修期间的安全性,如图 3-10 所示。

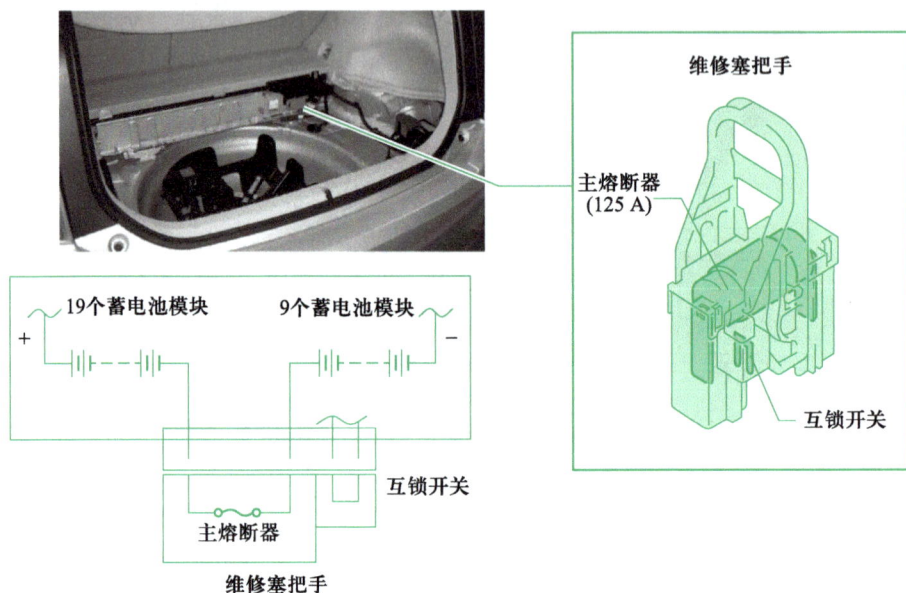

图 3-10　维修塞

维修塞串接在高压蓄电池模块电路的中部,操作维修塞手动切断电路后高压蓄电池将停止电能的输出,同时高压蓄电池将一分为二,从而有效降低端电压,提高了维修过程的安全性。

维修塞连接器上安装有互锁开关,维修塞解锁时,互锁开关断开,使动力管理控制 ECU(HV CPU)切断系统主继电器。(重要提示:为确保安全,拆下维修塞前务必将电源开关置于 OFF 位置。)

维修塞内安装有高压电路用 125 A 主熔断器,防止电路短路与过载。

(3) 系统主继电器(SMR)

系统主继电器的作用是根据来自控制器的信号接通或断开高压蓄电池和连接高压电器的电缆,如图 3-11 所示。

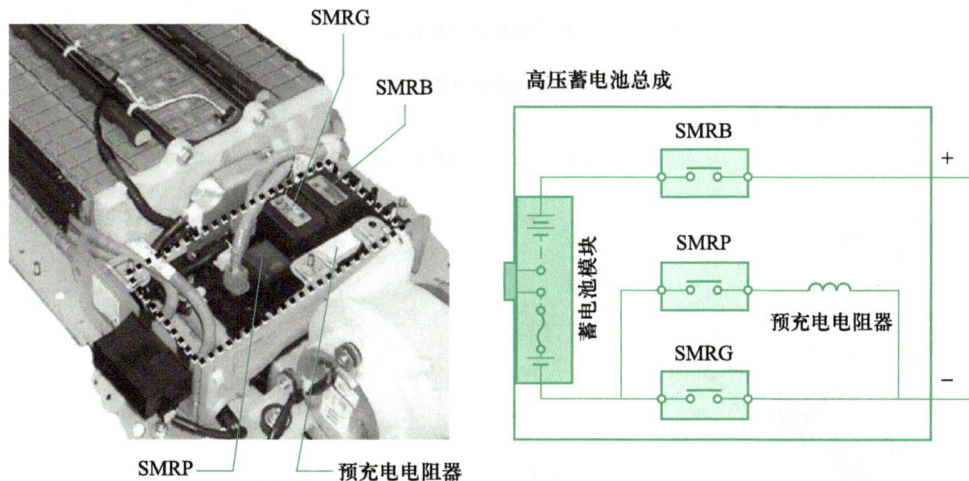

图 3-11 系统主继电器

系统主继电器安装在高压蓄电池接线盒总成上,共有 3 个,分别为,SMRB:安装于高压蓄电池正极侧的继电器。SMRG:安装于高压蓄电池负极侧的继电器。SMRP:连接预充电电阻器,并联于高压蓄电池负极侧的 SMRG 继电器。

(4) 高压蓄电池冷却鼓风机

丰田普锐斯高压蓄电池采用风冷方式,冷却鼓风机将高压蓄电池在工作中产生热量带走,使高压蓄电池保持在适合的温度下工作。冷却鼓风机从外部吸入空气,并使空气流经高压蓄电池,吸收热量后从车辆后部排气管排出,如图 3-12所示。

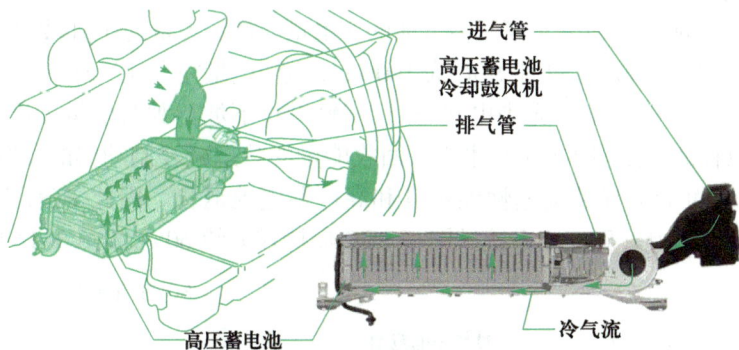

图 3-12 高压蓄电池冷却过程

(5) 高压蓄电池智能单元

高压蓄电池智能单元安装在蓄电池模块和高压接线盒总成之间。智能单元通过收集安装于高压蓄电池总成内的温度、电压和电流传感器的信号,检测高压蓄电池的状态;通过泄漏检测电路,检测高压电路的漏电(绝缘)情况,同时还能够检测高压蓄电池冷却鼓风机工作电压,如图 3-13 所示。

高压蓄电池智能单元

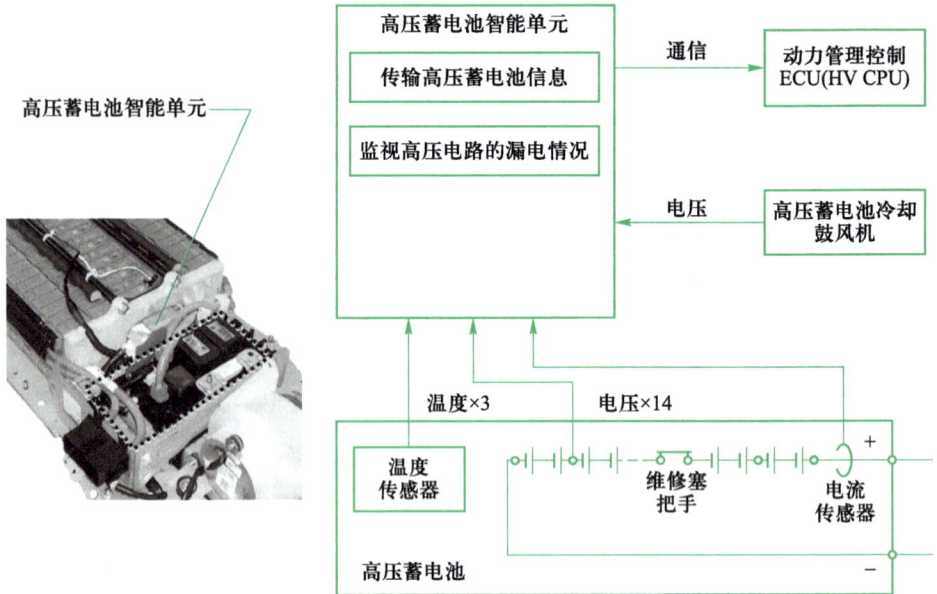

图 3-13　高压蓄电池智能单元

3. 高压蓄电池控制

高压蓄电池智能单元收集高压蓄电池内温度传感器、电压传感器、电流传感器、高压蓄电池冷却鼓风机电压等信号，并将信息传输至动力管理控制 ECU，实现剩余电量(SOC)控制、高压蓄电池冷却鼓风机控制，同时高压蓄电池智能单元通过安装于内部的绝缘异常检测模块对高压供电系统绝缘性进行监测。

（1）剩余电量(SOC)控制

SOC(state of charge)表示高压蓄电池的充电量与额定容量的比值，数值为百分比。蓄电池完全充电至额定容量时，SOC 为 100%；蓄电池电量完全耗尽时，SOC 为 0。

在 SOC 持续处于指示充满电状态时，车辆沿长下坡行驶时能量无法回收，需要高压蓄电池释放一定量的电能，才能以回收能量的状态减轻制动器的负荷。当 SOC 过度下降时，可能会导致加速性能不良和高压蓄电池退化。因此，SOC 需要保持在一定的水平。动力管理控制系统试图将 SOC 保持在大约 60%，如图 3-14 所示。

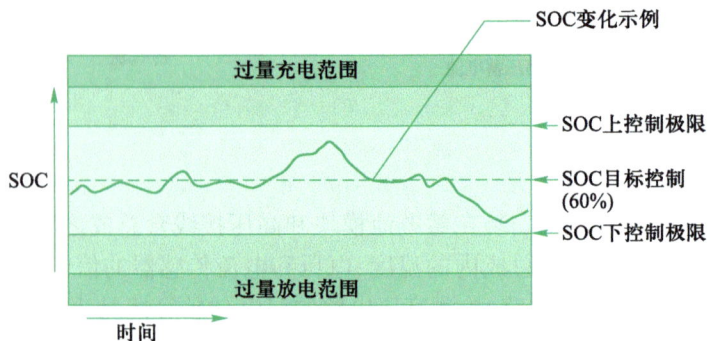

图 3-14　剩余电量(SOC)控制区间

动力管理控制 ECU 通过收集高压蓄电池电流、温度、电压的信息，计算出 SOC，控制高压蓄电池在加速期间向驱动电机供电，使车辆能迅速提速；在车辆减速期间通过驱动电机被动发电进行充电，如此反复进行充电 / 放电循环。

当 SOC 低于下限时，动力管理控制 ECU 增大发动机功率输出以驱动发电机，使其对高压蓄电池进行快速充电，如图 3-15 所示。

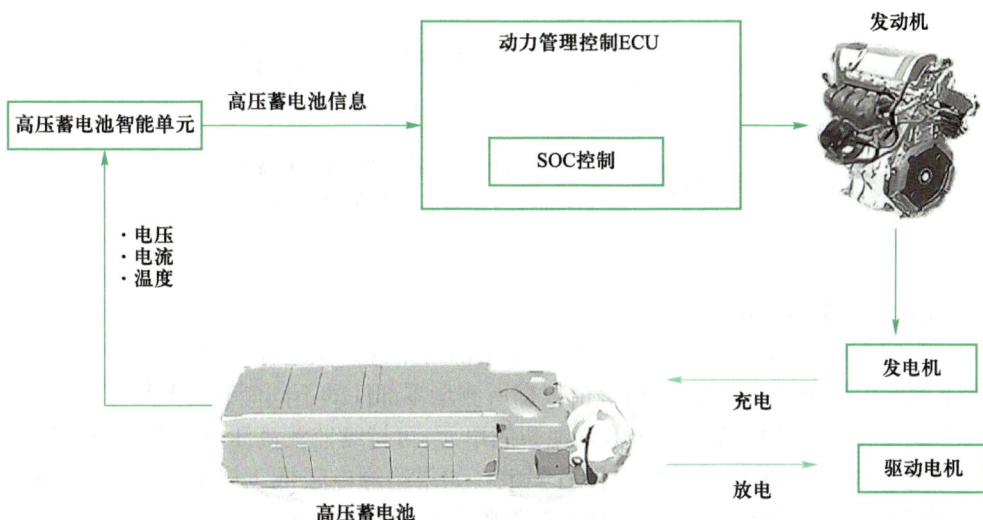

图 3-15   剩余电量（SOC）控制

车辆的仪表内设计有能量监控器，驾驶人可通过能量监控器了解高压蓄电池的能量信息，能量监控器的 SOC 状态显示 1~8 共 8 个格，第 1 格表示的高压蓄电池的能量约 37%，第 8 格表示的高压蓄电池的能量约 75%，SOC 状态正常显示在 4~7，如图 3-16 所示。

（2）高压蓄电池冷却鼓风机控制

由于高压蓄电池充电和放电产生热量，混合动力系统采用高压蓄电池冷却鼓风机使高压蓄电池冷却以维护高压蓄电池性能。

动力管理控制 ECU 监控高压蓄电池的温度，在温度升高时通过监控高压蓄电池温度变化，适当控制高压蓄电池冷却鼓风机，使其保持在适当转速范围。

动力管理控制 ECU 通过占空比控制实现高压蓄电池冷却鼓风机转速的变速并使噪声水平最小化，如图 3-17 所示。

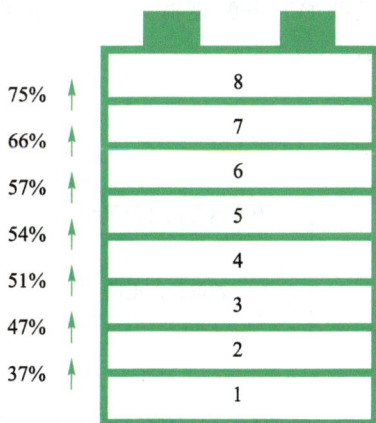

图 3-16   能量监控器显示 SOC 状态

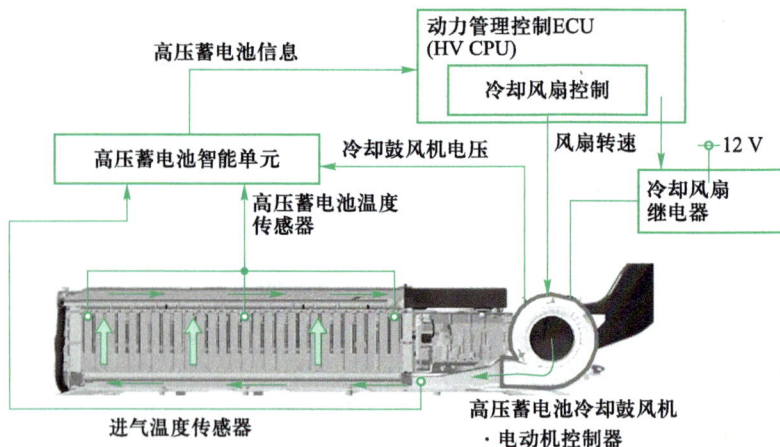

图 3-17　高压蓄电池冷却鼓风机控制

（3）绝缘异常检测

为安全起见，混合动力汽车的高压电路都与车身搭铁绝缘。维修手册中规定的标准绝缘电阻值在 1~100 MΩ（该值根据所测量零部件的不同而有所差异）。

泄漏检测电路内置于高压蓄电池智能单元，可持续监测高压电路和车身搭铁之间的绝缘电阻，以确保高压系统没有漏电。如果绝缘电阻低于规定值，则存储 DTC（故障代码）并通过组合仪表显示屏告知驾驶人出现异常情况。

检测到绝缘电阻下降，泄漏检测电路允许少量的交流电流入高压电路，并检查交流电是否通过电容器自车身搭铁返回。绝缘电阻下降越多，自电容器返回的交流电波形的振幅越低。根据交流电波形的振幅可检测绝缘电阻值大小，如图 3-18 所示。

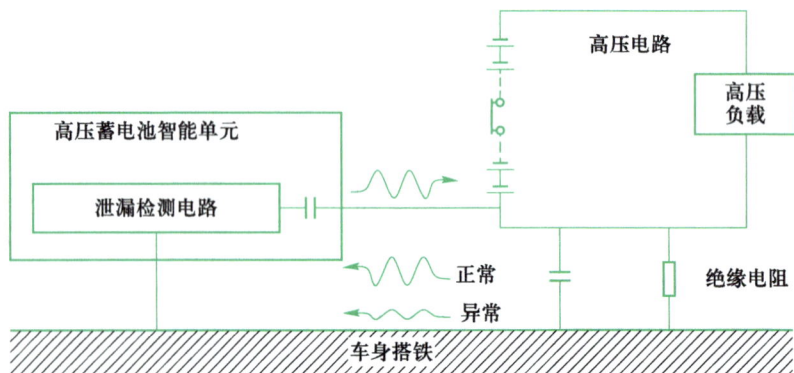

图 3-18　泄漏检测电路原理

绝缘电阻的降幅被转化为电压值并由 ECU 数据项目（短波最高值）进行指示，该值以 0~5 V 来表示绝缘电阻数值。如果绝缘电阻下降，则数值减小。当数值小于 2 V，对应的绝缘电阻将小于 200 kΩ 或 100 kΩ，组合仪表显示屏则会警告驾驶人出现异常情况，如图 3-19 所示。

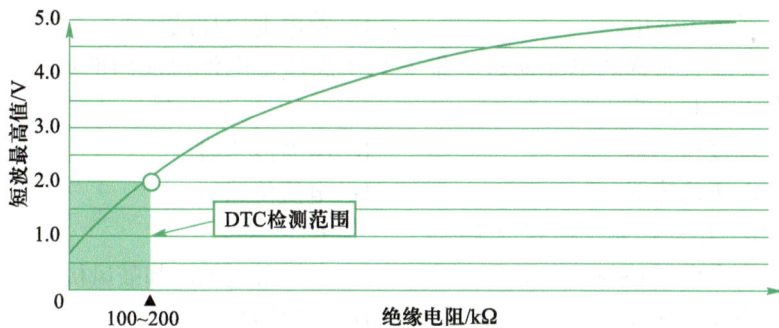

图 3-19　绝缘电阻监测数据

知识测试

一、单项选择题

1. 镍氢蓄电池采用（　　　）作为电解液。
   A. 纯净水　　　　　　　　　　　B. 氢氧化钾
   C. 锂盐溶剂　　　　　　　　　　D. 硫酸溶剂

2. 锂离子蓄电池采用（　　　）作为电解液。
   A. 纯净水　　　　　　　　　　　B. 氢氧化钾
   C. 锂盐溶剂　　　　　　　　　　D. 硫酸溶剂

3. 丰田普锐斯高压蓄电池由 28 个蓄电池模块组成，每个模块由 6 个单体电池组成，每个单体电池电压为（　　　）V。
   A. 24　　　　　　B. 12　　　　　　C. 7.2　　　　　　D. 1.2

4. 处理镍氢蓄电池泄漏时，须用（　　　）中和泄漏液体后，再用抹布或布条擦净。
   A. 肥皂溶液　　　　　　　　　　B. 饱和硼酸溶液
   C. 纯净水　　　　　　　　　　　D. 硫酸溶剂

5. 处理锂离子蓄电池泄漏时，须用（　　　）中和泄漏液体后，再用抹布或布条擦净。
   A. 肥皂溶液　　　　　　　　　　B. 饱和硼酸溶液
   C. 纯净水　　　　　　　　　　　D. 硫酸溶剂

6. 动力管理控制 ECU 试图将 SOC 保持在大约（　　　）。
   A. 60%　　　　　B. 80%　　　　　C. 20%　　　　　D. 30%

二、多项选择题

1. 以丰田普锐斯为例，高压蓄电池总成由（　　　　　　）和高压蓄电池智能单元组成。
   A. 蓄电池模块　　　　　　　　　B. 维修塞

　　　　C. 系统主继电器　　　　　　　　D. 蓄电池冷却鼓风机

　　2. 高压蓄电池智能单元通过收集安装于高压蓄电池总成内的(　　　　　)信号,检测高压蓄电池的状态。

　　　　A. 温度传感器　　　　　　　　B. 压力传感器

　　　　C. 电压传感器　　　　　　　　D. 电流传感器

　　3. 高压蓄电池控制及检测包含(　　　　)。

　　　　A. 剩余电量(SOC)控制　　　　B. 高压蓄电池冷却鼓风机控制

　　　　C. 绝缘异常检测　　　　　　　D. 电机转矩控制

　　4. 为安全起见,混合动力汽车的高压电路均与车身搭铁绝缘。下列哪些绝缘电阻的阻值符合普锐斯维修手册中标准绝缘电阻值的规定。(　　　　　)

　　　　A. 1 kΩ　　　　　B. 100 kΩ　　　　　C. 2 MΩ　　　　　D. 50 MΩ

任务三　检修高压电源系统上下电控制故障

任务描述

　　与传统燃油汽车的起动状态不同,混合动力汽车在使用过程中,会出现车辆无法进入起动("READY"或"OK")状态,不能行驶的状况。本任务将学习高压电源系统上下电控制原理、系统主继电器的接通与断开工作过程与高压电源系统上下电控制故障的检修方法。

学习目标

　　1. 了解混合动力汽车高压电源系统上下电控制原理,能使用维修设备对各功能信号进行检测。

　　2. 了解系统主继电器的接通与断开工作过程,能使用维修设备对各执行元件进行检测。

　　3. 能运用故障排除5步法对上下电控制故障进行排除。

知识学习

　　以丰田普锐斯为例,高压电源系统是由动力管理控制 ECU 对相关的信息进行收集,控制系统主继电器的接通与断开,实现混合动力高压电源系统上电与下电。

　　1. 系统主继电器(SMR)控制模式

　　(1)"READY"控制模式

　　"READY"控制模式,即使用电源开关接通或切断方式。"READY"控制模式是

动画

新能源汽车上
下电控制逻辑

一种正常的上电与下电的控制模式,驾驶人使用电源开关,打开或关闭"READY"模式,接通或断开主系统继电器。

"READY-ON"状态形成的条件是:点火开关处于 ON 状态、制动灯开关打开、变速器换挡杆处于 P 挡位置、停机系统认证正常、电子钥匙认证正常、辅助蓄电池电压正常,如图 3-20 所示。

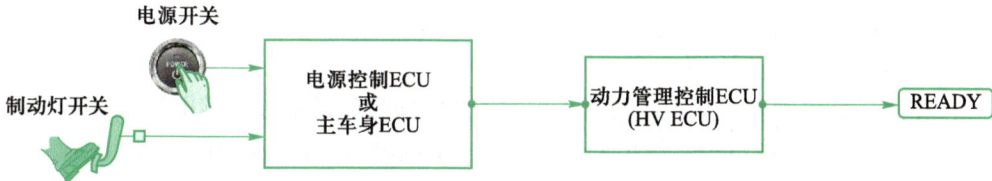

图 3-20　"READY-ON"状态形成条件

"READY-OFF"状态形成的条件是:点火开关处于 OFF 状态、变速器换挡杆处于 P 挡位置。

（2）碰撞时,系统主继电器切断控制模式

当车辆检测到碰撞冲击时会使系统主继电器断开。除了来自安全气囊中央传感器总成的信号外,安装在逆变器总成内的断路传感器也会检测到碰撞的发生,并立即断开系统主继电器。

（3）互锁开关断开时,系统主继电器切断控制模式

在维修塞把手、逆变器总成盖、逆变器总成高压电缆连接器三个部件处安装了互锁开关,形成一个闭环状态的监控电路,当维修技师拆下维修塞、逆变器总成盖或逆变器总成高压电缆连接器时,系统主继电器自动切断,确保在露出任何高压零件前切断高压电,保证维修技师在高压电区域的作业安全,如图 3-21 所示。

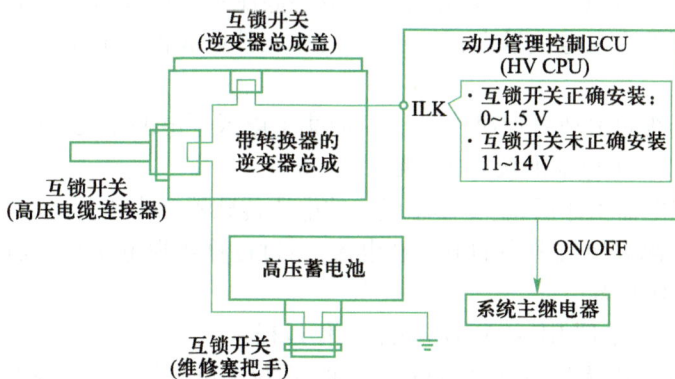

图 3-21　互锁开关线路

动力管理控制 ECU 通过监测安装于逆变器总成盖、高压电缆连接器以及维修塞把手上的互锁开关所构成的串联电路电压信号,对系统主继电器进行切断控制。

当点火开关处于 ON 位置,且逆变器总成盖、高压电缆连接器和维修塞把手正确安装时,互锁开关闭合,动力管理控制 ECU 监控端子"ILK"电压为 0~1.5 V,系统主继电器可以进入接通状态。

当点火开关处于 ON 位置,但逆变器总成盖、高压电缆或维修塞把手未正确安装时,互锁开关开启,动力管理控制 ECU 监控端子"ILK"电压为 11~14 V,系统主继电器不能进入接通状态。

2. 系统主继电器工作过程

(1)系统主继电器组成

在高压蓄电池正负极与逆变器总成正负极之间,通过正极主继电器(SMRB)、预充继电器(SMRP)和负极主继电器(SMRG)三个继电器连接或断开来实现系统主继电器的工作,如图 3-22 所示。

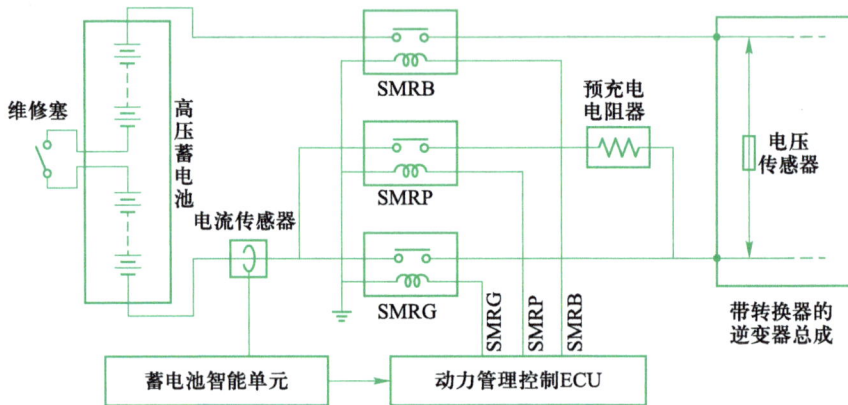

图 3-22　系统主继电器组成

预充继电器与预充电电阻器连接,可减小高压蓄电池接通瞬间电流,避免上电瞬间流向电容的充电电流过大,对电源及高压元件造成很大电流冲击,从而保护相关的电器元件。

主继电器线圈由动力管理控制 ECU 收集上电或下电的相关的信号后进行通电或断电,实现三个继电器的接通或切断。

系统主继电器工作后,逆变器总成内的电压传感器和高压蓄电池智能单元的电流传感器可检测高压线缆中的电压和电流,通过运算实现电功率的输出,同时可监测继电器的工作状态。

(2)系统主继电器 READY-ON 状态工作过程

驾驶人将车辆置于 READY-ON 状态时,系统主继电器按以下顺序工作:SMRB 接通→SMRP 接通→SMRG 接通→SMRP 断开。

SMRP 接通→SMRG 接通过程中,由于预充电电阻器的作用使高压电路接通瞬间限流,然后逐渐增加,避免 SMRG 突然接通高压大电流,使系统主继电器触点产生火花,导致出现系统主继电器焊合故障,如图 3-23 所示。

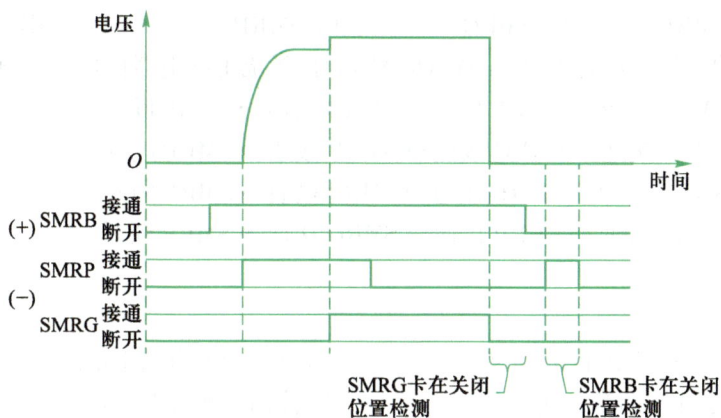

图 3-23 系统主继电器控制电压监控

（3）系统主继电器 READY-OFF 状态工作过程

驾驶人关闭"READY"模式时，SMRG 断开→SMRB 断开。

为确保系统主继电器无焊合、可正常断开，系统主继电器断开后，需要对其高压触点状态进行检测，如图 3-23 所示。

SMRG 状态检测：SMRG 断开后，SMRB 处于接通状态，通过电压传感器检测 SMRG 是否断开。

SMRB 状态检测：SMRB 断开后，接通 SMRP 然后将其断开，通过电压传感器检测 SMRB 是否断开。

知识测试

一、单项选择题

1. 动力管理控制 ECU 收集相关的信息，控制（   ）的接通与断开，实现混合动力高压电源系统上电与下电。

    A. AC/DC 转换器   B. 起动机电磁开关

    C. DC/DC 转换器   D. 系统主继电器

2. 动力管理控制 ECU 通过监测安装于逆变器总成盖、高压电缆连接器以及维修塞把手上的互锁开关所构成的（   ）电压信号，对系统主继电器进行切断控制。

    A. 并联电路   B. 串联电路

    C. 串并联电路   D. 开关电路

3. 互锁开关关闭且动力管理控制 ECU 监控端子"ILK"电压为（   ）时，系统主继电器处于接通状态。

    A. 3~4 V   B. 2~6 V   C. 11~14 V   D. 0~1.5 V

4. （   ）与预充电电阻器连接，可减小初期电流，避免上电初期向电容充电的充电电流过大。

A. SMRB　　　B. SMRG　　　C. SMRP　　　D. SMR

5. 驾驶人将车辆置于 READY-ON 状态时,系统主继电器按(　　)顺序操作。

A. SMRG 接通→ SMRP 接通→ SMRB 接通→ SMRP 断开

B. SMRP 接通→ SMRG 接通→ SMRB 接通→ SMRP 断开

C. SMRG 接通→ SMRB 接通→ SMRP 接通→ SMRP 断开

D. SMRB 接通→ SMRP 接通→ SMRG 接通→ SMRP 断开

二、多项选择题

1. 动力管理控制 ECU 可实现(　　　)方式的上电与下电的控制。

A. 断开辅助蓄电池　　　　　　B. 使用电源开关接通与切断

C. 发生碰撞时自动切断　　　　D. 激活互锁开关时自动切断

2. 使用电源开关接通—切断方式,READY-ON 状态形成的条件有(　　　)以及停机系统认证正常与电子钥匙认证正常。

A. 点火开关处于 ON 状态

B. 制动灯开关打开

C. 变速器换挡杆处于 P 挡位置

D. 辅助蓄电池电压正常

3. 使用电源开关接通—切断方式,READY-OFF 状态形成的条件有(　　　)。

A. 点火开关处于 OFF 状态

B. 制动灯开关打开

C. 选择变速器换挡杆处于 P 挡位置

D. 辅助蓄电池电压正常

4. 高压蓄电池正负极与逆变器总成正负极由(　　　)连接与切断。

A. 正极主继电器　　　　　　　B. 预充继电器

C. 负极主继电器　　　　　　　D. 附件继电器

5. 动力管理控制 ECU 检测到(　　　)碰撞冲击信号后会使系统主继电器断开。

A. 中央气囊中央传感器　　　　B. 断路器传感器

C. 车速传感器　　　　　　　　D. 发动机转速传感器

任务四　检修充电系统故障

任务描述

插电式混合动力汽车(PHEV)在使用过程中,外部交流或直流电网通过充电系统给车辆高压蓄电池充电。本任务将学习插电式混合动力汽车充电系统的组成与工作原理,以及车辆不能充电的故障检修方法。

学习目标

1. 了解交流充电系统的组成与工作原理,能使用维修设备对交流充电系统进行检测。

2. 了解直流充电系统的组成与工作原理,能使用维修设备对直流充电系统进行检测。

3. 能运用故障排除 5 步法对车辆发生不能充电的故障进行排除。

知识学习

插电式混合动力汽车通过外部电网充电的方式有交流充电和直流充电两种。交流充电方式一般用于家庭充电,直流充电方式一般用于公共充电。交流充电使用充电线缆、挂壁式交流充电器通过随车安装的车载充电器给高压蓄电池充电,充电电流较小,充电时间长。直流充电是在充电站通过固定的直流充电桩给车辆高压蓄电池直接充电,其充电电流较大,充电时间短。

1. 交流充电系统

车辆交流充电系统由交流充电接口、车载充电机、高压配电盒(有些车型不是独立总成)、高压蓄电池以及高压线缆等组成。

交流充电接口端子如图 3-24 所示,其功能定义见表 3-1。

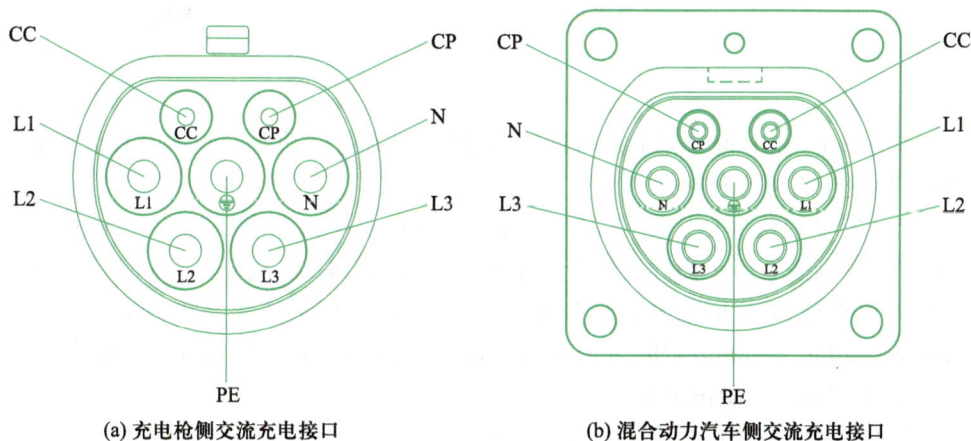

(a) 充电枪侧交流充电接口   (b) 混合动力汽车侧交流充电接口

图 3-24 交流充电接口端子

表 3-1 交流充电接口端子及其功能定义

端子编号(标识)	额定电压和额定电流	功能定义
1(L1)	250 V 10 A/16 A/32 A	交流电源(单相)
	440 V 16 A/32 A/63 A	交流电源(三相)
2(L2)	440 V 16 A/32 A/63 A	交流电源(三相)

端子编号(标识)	额定电压和额定电流	功能定义
3(L3)	440 V 16 A/32 A/63 A	交流电源(三相)
4(N)	250 V 10 A/16 A/32 A	中线(单相)
	440 V 16 A/32 A/63 A	中线(三相)
5(PE)	—	保护接地,连接供电设备地线和车辆电平台
6(CC)	0~30 V 2 A	充电连接确认
7(CP)	0~30 V 2 A	控制引导

交流充电引导控制如图 3-25 所示。

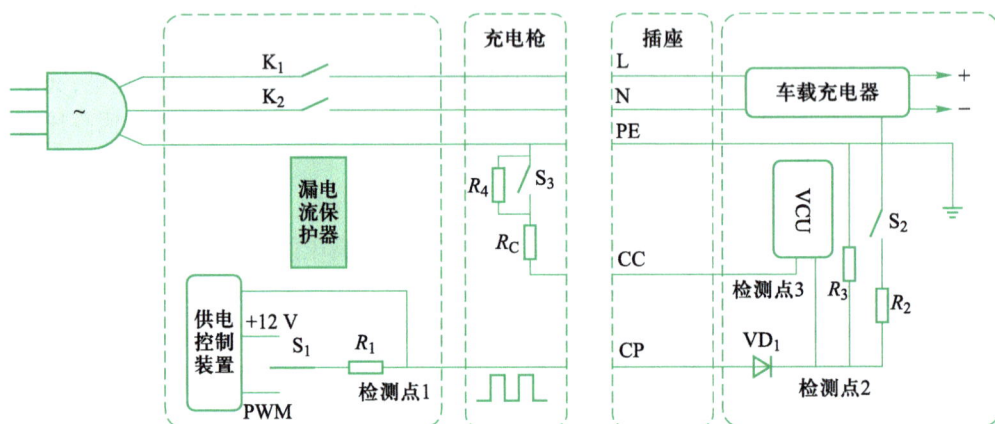

图 3-25　交流充电引导控制

准备工作:充电枪与充电接口连接后,控制单元通过功能性互锁或其他控制措施使车辆处于不可行驶状态。

充电连接确认(CC 检测):车辆控制装置通过测量检测点 3 与 PE 之间的电阻值来判断车辆插头与车辆插座是否完全连接。未连接时,S_3 处于闭合状态,CC 未连接,检测点 3 与 PE 之间的电阻值为无穷大;半连接时,S_3 处于断开状态,CC 已连接,检测点 3 与 PE 之间的电阻值为 R_C+R_4;全连接时,S_3 处于闭合状态,CC 已连接,检测点 3 与 PE 之间的电阻值为 R_C。

R_C 电阻值对应充电线缆额定容量见表 3-2。

表 3-2　不同 R_C 对应充电线缆额定容量

R_C	充电线缆额定容量 /A
1.5 kΩ/0.5 W	10
680 Ω/0.5 W	16
220 Ω/0.5 W	32
100 Ω/0.5 W	63

充电控制确认（CP 检测）：供电接口已完全连接后，S_1 从 +12 V 连接状态切换至 PWM 连接状态，充电桩控制装置发出 PWM 信号。充电桩通过检测点 1 的电压值来判断充电装置是否完全连接。车辆控制装置通过测量检测点 2 的 PWM 信号，判断充电连接装置是否已完全连接。

供电设备连接：在车载充电机（OBC）自检没有故障，并且高压蓄电池处于可充电状态时，车辆控制装置闭合 S_2。供电控制装置通过测量检测点 1 的电压值判断车辆是否准备就绪，当检测点 1 的峰值电压为 6 V 时，供电控制装置通过闭合接触器 K_1 和 K_2 使交流供电回路导通。

供电设备断开：当达到检测人员设置的结束条件或检测人员对供电装置实施了停止充电的指令时（按下 S_3 开关），供电控制装置应能将控制开关 S_1 切换到 +12 V 连接状态，S_2 开关断开。当检测到 S_2 开关断开时在 100 ms 内通过断开接触器 K_1 和 K_2 切断交流供电回路，超过 3 s 未检测到 S_2 断开则可以强制带载断开接触器 K_1 和 K_2，切断交流供电回路。

2. 直流充电系统

直流充电系统由充电接口、高压配电盒（有些车型不是独立总成）、高压蓄电池及高压线缆等组成，由外部直流充电桩控制直流充电电压和电流。

直流充电接口端子如图 3-26 所示，其功能定义见表 3-3。

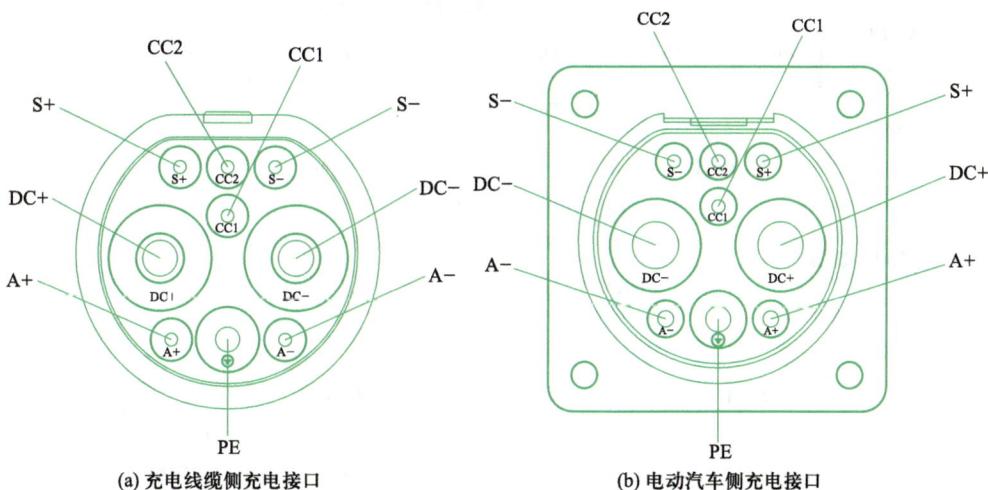

(a) 充电线缆侧充电接口　　(b) 电动汽车侧充电接口

图 3-26　直流充电接口端子

表 3-3　直流充电接口端子及其功能定义

端子编号 （标识）	额定电压和额定电流	功能定义
1（DC +）	750 V/1 000 V　80 A/125 A/200 A/250 A	直流电源正，连接直流电源正与电池正极
2（DC−）	750 V/1 000 V　80 A/125 A/200 A/250 A	直流电源负，连接直流电源负与电池负极

续表

端子编号 （标识）	额定电压和额定电流	功能定义
3（PE）	—	保护接地，连接供电设备地线和车辆电平台
4（S+）	0~30 V 2 A	充电通信 CAN_H，连接非车载充电机与电动汽车的通信线
5（S-）	0~30 V 2 A	充电通信 CAN_L，连接非车载充电机与电动汽车的通信线
6（CC1）	0~30 V 2 A	充电连接确认
7（CC2）	0~30 V 2 A	充电连接确认
8（A+）	0~30 V 20 A	低压辅助电源正，连接非车载充电机为电动汽车提供低压辅助电源
9（A-）	0~30 V 20 A	低压辅助电源负，连接非车载充电机为电动汽车提供低压辅助电源

直流充电引导控制，如图 3-27 所示。

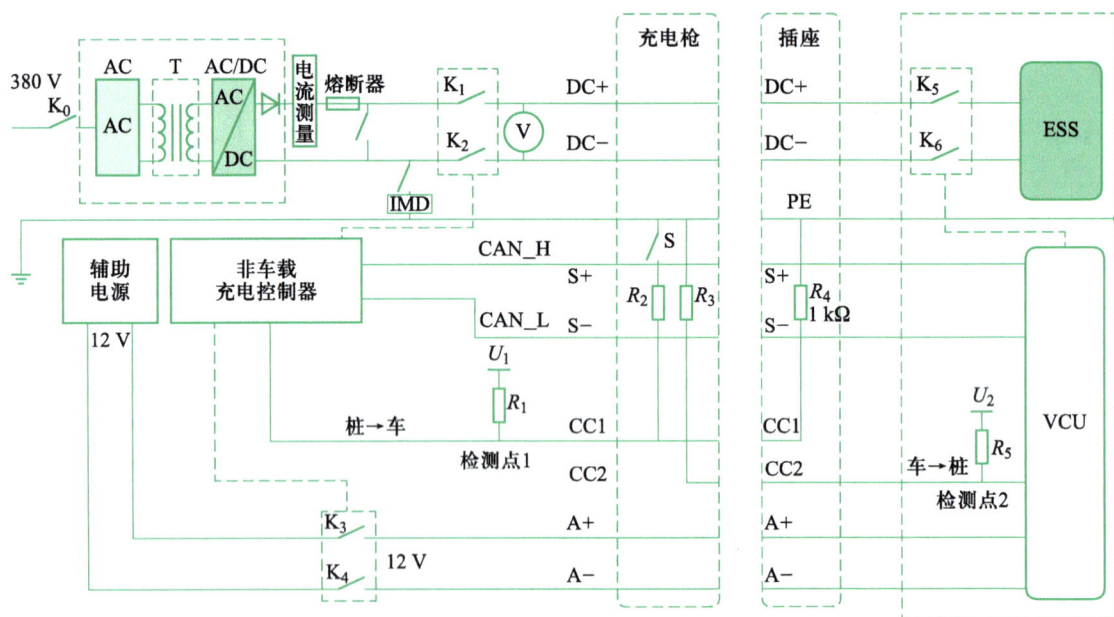

图 3-27　直流充电引导控制

充电连接确认（CC1 检测）：检测点 1 是由充电桩内部进行检测，它有 12 V/6 V/4 V 三种电平状态，4 V 表示充电枪与车辆完成连接。

充电控制确认（CC2 检测）：检测点 2 是由电池管理系统进行检测，它有 12 V/6 V 两种状态，6 V 代表车辆与充电枪完成连接。

供电设备连接：当充电桩确认充电枪完成连接后（检测点 1 为 4 V），就会闭合 K_1 和 K_2，进行绝缘检测，检测合格后，对母线残留电压进行泄放，最后重新打开 K_1 和 K_2；等车辆端完成连接确认后（检测点 2 为 6 V），车辆与充电桩通过 CAN 网络，进行充电信息通信；然后 K_5 和 K_6 闭合，充电桩对高压蓄电池电压进行检测，检测合格后，闭合 K_1 和 K_2，开始进行充电。

3. 高压蓄电池充电注意事项

高压蓄电池充电过程不规范，忽视通用的安全防护规定，使用不合适或损坏的插座和充电线缆，通过不合适的电气装置进行充电，以及对高压蓄电池处置不当，都可能导致高压短路或触电，甚至出现着火、爆炸等严重事故。因此，在对混合动力汽车进行充电时，应注意以下事项。

① 务必遵守规定的操作步骤，以避免电量存储器中的剩余电能造成电击和严重伤害。充电期间切勿拔出电源插头。

② 按规定安装防水、防潮且检测无破损的插座，使用无故障的电气装置进行充电。定期由具有资质的专业人员检查插座和电气装置。

③ 不得使用损坏的插头和充电线缆。每次使用前都要检查充电插头和线缆是否损坏；

④ 只使用随车的充电线缆或充电站的线缆。

⑤ 切勿改装或维修电气部件，尤其是高压系统部件。

⑥ 不得在易燃易爆物存放地点充电，充电线缆的部件可能产生火花将易燃或易爆物点燃。

⑦ 切勿将充电线缆连同延长线缆、线缆盘、接线板或适配器接头一起使用。

⑧ 每次都要保护好插头连接，以避免水分、潮气和其他液体进入。

⑨ 为安全起见，在充电过程中，充电时不得在车辆中或对车辆进行其他作业。

⑩ 在拔下电源插头前，务必先结束充电过程，否则充电线缆和电气系统可能受损。

⑪ 在起动车辆前应拔下充电枪，插上保护盖并关闭高压蓄电池充电盖。

⑫ 切勿在一个熔断器电路的插座上同时为多辆车充电。遵守所用熔断器电路的最大承载能力。必要时咨询具有资质的电气安装专业人员。

🌱 知识测试

一、单项选择题

1. 交流充电接口（　　）端子是保护接地，连接供电设备地线和车辆电平台。

    A. PE　　　　　　B. CC　　　　　　C. CP　　　　　　D. N

2. 交流充电接口（　　）端子是确认充电枪已连接。

    A. PE　　　　　　B. CC　　　　　　C. CP　　　　　　D. N

3. 供电接口已完全连接后,S1 从 +12 V 连接状态切换至(　　　)连接状态,充电桩控制装置向车辆发出信号。

A. 0 V　　　　　　B. PWM　　　　　　C. DC　　　　　　D. AC

4. 直流充电接口端子 DC 及其功能定义是(　　　)。

A. 充电通信 CAN_H,连接非车载充电机与电动汽车的通信线

B. 保护接地,连接供电设备地线和车辆电平台

C. 直流电源正,连接直流电源正与电池正极

D. 直流电源负,连接直流电源负与电池负极

5. 充电连接确认(CC1 检测):检测点 1 是由充电桩内部进行检测,(　　　)表示充电枪与车辆完成连接。

A. 12 V　　　　　　B. 6 V　　　　　　C. 4 V　　　　　　D. 0 V

二、多项选择题

1. 混合动力汽车直流充电系统由(　　　　　)组成。

A. 充电接口　　　　　　　　　　B. 高压蓄电池

C. 高压线缆　　　　　　　　　　D. 车载充电机

2. 混合动力汽车交流充电系统由(　　　　　)组成。

A. 充电接口　　　　　　　　　　B. 高压蓄电池

C. 高压线缆　　　　　　　　　　D. 车载充电机

3. 混合动力车辆进行交流充电时,在充电电路中,影响 CC 端子电压大小(检测点 3)的电阻是(　　　　)。

A. R_1　　　　　　B. R_2　　　　　　C. R_4　　　　　　D. R_C

4. 混合动力汽车进行交流充电时,在充电电路中,影响 CP 端子电压大小(检测点 2)的电阻是(　　　　)。

A. R_1　　　　　　B. R_2　　　　　　C. R_3　　　　　　D. R_4

5. 下列高压蓄电池充电操作内容正确的是(　　　　　)。

A. 在拔下电源插头前,务必先结束充电过程

B. 定期由具有资质的专业人员检查插座和电气装置

C. 一个熔断器电路的插座上可同时为多辆车充电

D. 每次都要保护好插头连接,以避免水分、潮气和其他液体进入

学习情境三工作页

任务工单一：检修混合动力汽车高压蓄电池总成

姓名		学号	
指导教师		工位	

1. 在实训用混合动力汽车中找到下表中的电源系统部件并写出相关部件的作用。

序号	部件名称	安装位置	作用
1	高压蓄电池		
2	高压线缆		
3	车载充电机		
4	交流充电接口		
5	直流充电接口		
6	发电机		
7	逆变器总成		
8	辅助蓄电池充电 DC/DC 转换器		
9	辅助蓄电池		

2. 写出高压蓄电池向用电器进行电能传输时的线路。

3. 写出高压蓄电池充电时电能传输的线路。

4. 使用诊断仪检测高压蓄电池数据并填入下表。

序号	测量项目	数据
1	高压蓄电池充电（SOC）状态	
2	高压蓄电池电压	
3	高压蓄电池电流	
4	蓄电池单元电压 1	
5	蓄电池单元电压 2	
6	蓄电池单元电压 3	
7	蓄电池单元电压 4	
8	蓄电池单元电压 5	
9	蓄电池单元电压 6	
10	蓄电池单元电压 7	
11	蓄电池单元电压 8	
12	蓄电池单元电压 9	
13	蓄电池模块温度 1	
14	蓄电池模块温度 2	
15	蓄电池模块温度 3	
16	结果判断：	

5. 根据维修手册完成拆装高压蓄电池计划编写（要求内容包含高压电操作注意事项、场地要求、拆装步骤、工具要求、操作规范）。

任务工单二：检修高压电源系统上下电控制故障

姓名		学号	
指导教师		工位	

1. 写出 READY-ON 状态形成的条件。

2. 写出驾驶人将车辆置于 READY-ON 状态时，系统主继电器（SMR）接通的过程。

3. 使用诊断仪检测上下电控制相关数据并填入下表。

序号	测量项目	数据
1	制动灯开关	
2	换挡杆位置控制	
3	电源开关状态	
4	Ready 信号状态	
5	SMRG 的工作状态（初级电路监视器）	
6	SMRG 的指令状态	
7	SMRB 的工作状态（初级电路监视器）	
8	SMRB 的指令状态	
9	SMRP 的工作状态（初级电路监视器）	
10	SMRP 的指令状态	
11	互锁开关状态	
12	安全气囊 ECU 总成的安全状态	
13	结果判断：	

4. 查询实训车辆维修电路图,绘制系统主继电器(SMR)控制电路图(要求电路完整,端子编号清晰)。

5. 查询实训车辆维修电路图,绘制高压互锁电路图(要求电路完整,端子编号清晰)。

6. 排除混合动力汽车不能上电的故障(要求内容包含确认故障现象、分析故障原因、确定故障范围、排除故障、故障机理分析 5 个部分)。

任务工单三：检修充电系统故障

姓名		学号	
指导教师		工位	

1. 写出交流充电引导控制过程。

2. 给实训车辆充电，记录仪表在充电操作过程中的变化。

3. 使用诊断仪检测交流充电引导相关数据并填写下表。

序号	测量项目	充电桩与车辆连接	车辆与充电桩连接	S2 连接	S3 断开
1	CC 状态				
2	CP 状态				

4. 查询实训车辆维修电路图，绘制交流充电控制电路图（要求电路完整，端子编号清晰）。

5. 检测 CC 与 CP 信号在充电操作过程中的电压变化波形（要求写明检测条件、检测位置、绘制的电压波形要标准）。

6. 排除混合动力汽车不能充电的故障（要求内容包含确认故障现象、分析故障原因、确定故障范围、排除故障、故障机理分析 5 个部分）。

评价表一：检修混合动力汽车高压蓄电池总成

评估指标	评估内容	优秀	良好	一般	需改进
学科知识掌握	了解高压电源系统的组成与功用				
	了解低压电源系统的组成与功用				
	了解高压蓄电池的组成与功用				
	理解高压电源系统电能输出过程				
	理解低压辅助电池的充电过程				
	熟悉高压电源系统与低压电源系统零部件的安装位置				
	掌握故障排除 5 步法				
	掌握维修手册的使用方法				
问题解决能力	能够排除高压蓄电池故障				
	能够排除低压电源系统故障				
	能够更换高压蓄电池				
创新思维	依据测量结果,对故障排除 5 步法进行灵活运用				
	在维修过程中提出关于保证安全、质量、满意度的创造性方案				
沟通和合作能力	有效向他人解释技术				
	能够有效协同合作				
	参与小组项目和团队活动主动性				
自主学习和持续进步	学习态度与动力				
	学习方法与策略				
	信息获取与分析				
	自我评价与反思				
评估说明	优秀(5分):学生在该指标上表现出色,能够熟练掌握、灵活应用,并展现出较高水平。 良好(4分):学生在该指标上表现良好,能够掌握和应用,但有少量细节方面需要改进。 一般(3分):学生在该指标上表现一般,基本掌握知识和能力,但需要加强理解和应用。 需改进(2分):学生在该指标上表现较弱,掌握不足,需加强学习和提升能力				

评价表二：检修高压电源系统上下电控制故障

评估指标	评估内容	优秀	良好	一般	需改进
学科知识掌握	理解高压电源系统上下电控制原理				
	理解系统主继电器的接通与断开工作过程				
	掌握排除故障 5 步法				
	掌握维修手册的使用方法				
问题解决能力	能够检测上下电控制系统信号				
	能够检测上下电控制系统执行元件				
	能够排除上下电控制系统故障				
创新思维	依据测量结果，对故障排除 5 步法进行灵活运用				
	在维修过程中提出关于保证安全、质量、满意度的创造性方案				
沟通和合作能力	有效向他人解释技术				
	能够有效协同合作				
	参与小组项目和团队活动主动性				
自主学习和持续进步	学习态度与动力				
	学习方法与策略				
	信息获取与分析				
	自我评价与反思				
评估说明	优秀（5 分）：学生在该指标上表现出色，能够熟练掌握、灵活应用，并展现出较高水平。 良好（4 分）：学生在该指标上表现良好，能够掌握和应用，但有少量细节方面需要改进。 一般（3 分）：学生在该指标上表现一般，基本掌握知识和能力，但需要加强理解和应用。 需改进（2 分）：学生在该指标上表现较弱，掌握不足，需加强学习和提升能力				

评价表三：检修充电系统故障

评估指标	评估内容	优秀	良好	一般	需改进
学科知识掌握	了解交流充电系统的组成				
	理解交流充电系统的工作原理				
	了解直流充电系统的组成				
	理解交流充电系统的工作原理				
	掌握故障排除 5 步法				
	掌握维修手册的使用方法				
问题解决能力	能够检测交流充电系统				
	能够检测直流充电系统				
	能够排除直流充电系统故障				
	能够排除交流充电系统故障				
创新思维	依据测量结果，对故障排除 5 步法进行灵活运用				
	在维修过程中提出关于保证安全、质量、满意度的创造性方案				
沟通和合作能力	有效向他人解释技术				
	能够有效协同合作				
	参与小组项目和团队活动主动性				
自主学习和持续进步	学习态度与动力				
	学习方法与策略				
	信息获取与分析				
	自我评价与反思				
评估说明	优秀(5分)：学生在该指标上表现出色，能够熟练掌握、灵活应用，并展现出较高水平 良好(4分)：学生在该指标上表现良好，能够掌握和应用，但有少量细节方面需要改进。 一般(3分)：学生在该指标上表现一般，基本掌握知识和能力，但需要加强理解和应用。 需改进(2分)：学生在该指标上表现较弱，掌握不足，需加强学习和提升能力				

学习情境四 ▶▶▶

检修驱动电机及控制系统

▶ 情境描述

　　客户的车辆在使用过程中出现了电机噪声过大以及突然动力不足的情况,仪表提示混合动力系统有故障,随即将车辆送到维修中心进行检修。作为维修技师需要通过专业理论知识和技能为客户解决以上问题,保证车辆的安全使用。

任务一　检查混合动力汽车的驱动电机

任务描述

驱动电机是混合动力汽车产生动力与进行充电的重要部件。随着行驶里程的增加,驱动电机因为过载、磨损、线路老化等原因会出现异响、动力不足或无法充电的故障。本任务将学习驱动电机的类型、结构与工作原理,掌握检测驱动电机的技能。

学习目标

1. 能分辨驱动电机的类型并解释不同类型电机的特点。
2. 能阐述驱动电机的结构与工作原理。
3. 能分析驱动电机的工作原理。
4. 能按照操作规范拆卸与安装驱动电机。
5. 能按照操作规范完成驱动电机的检测与维修。

知识学习

1. 驱动电机概述

在混合动力汽车上,通常采用双电机控制。驱动电机用于驱动车轮运动,具有驱动和发电的双重功能。发电机用于充电与起动发动机。

驱动电机在正常行驶和加速时,由高压蓄电池或发电机供电,将电能转化为机械能,通过传动系统驱动车轮。

当车辆减速时,高压蓄电池停止向驱动电机供电,开始进入能量回收模式。这时,车辆的动能使车轮通过传动系统带动驱动电机转动,驱动电机给高压蓄电池充电,实现充电功能,使机械能转化成电能。

2. 驱动电机的性能特点、性能评价指标及类型

(1) 驱动电机的性能特点

电机的转矩特性:电机起动就能达到最大转矩,并能在较长一段转速范围内保持最大转矩,只有转速达到特别高时其转矩才会衰减。因此,电动汽车从 0 到 100 km/h 的加速时间要比燃油汽车短很多。同时,电动汽车在起步时不需要变速器,如图 4-1 所示。

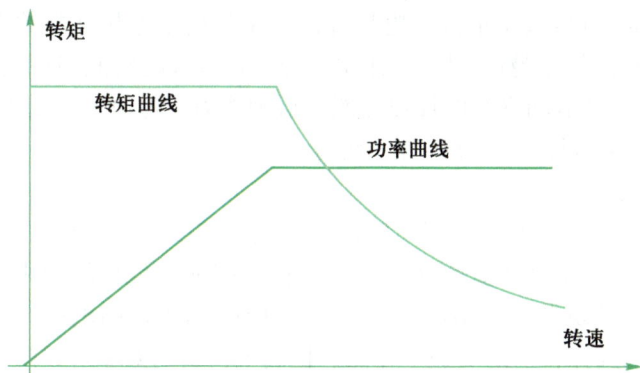

图 4-1　电机的转矩特性曲线

不同混合动力汽车对动力的需求不同,电机的最大扭矩与最大功率也不同,例如,一汽丰田卡罗拉双擎 E+,其电机最大功率 53 kW、电机最大扭矩 207 N·m;RAV4荣放双擎 E+,其电机最大功率 134 kW、电机最大扭矩 270 N·m。

（2）驱动电机主要性能评价指标

1）功率密度

功率密度是指单位体积或单位质量电机所能输出的最大功率。通常用瓦特每千克（W/kg）或瓦特每立方厘米（W/cm³）来表示。电机功率密度越高,表示电机在相同体积或质量下能输出更大的功率,因此可以更高效地完成工作。提高电机功率密度有助于提高电动汽车的续驶里程和加速性能,减轻车辆质量和减少占用空间,提高整车的能源利用效率。目前,电机功率密度的提高主要依靠材料技术、制造工艺、磁场设计等方面的创新。

2）转矩性能

电机转矩性能是指电机在不同转速下所能输出的转矩大小。电机转矩性能是电机设计中非常重要的参数之一,它直接影响到电机的使用性能。提高电机的转矩性能的方法有:增加电机的磁场强度、增加电机的线圈匝数、优化电机的结构等。同时,电机的转矩性能也会受到电机温度、电机转速等因素的影响。

3）转速范围

电机转速范围是指电机在正常工作状态下能够达到的最高和最低转速范围。对于不同类型的电机来说,其转速范围是不同的。电机的转速范围是根据其类型、电源频率和设计参数等因素来决定的,不同的电机在转速范围上存在一定的差异。

4）功率因数

电机功率因数是指电机输出功率与输入功率的比值。在交流电路中,电机功率因数是电机效率的重要指标之一。电机功率因数越高,电机的效率也越高。电动汽车电机功率因数越高,表示电机的能效越高,能够更加有效地将电能转化为机械能,从而提高电动汽车的续驶里程。

5）峰值效率

电机峰值效率是指电机在峰值扭矩和峰值转速下的效率。在这个工况下,电机输出的功率最大,电机效率最高。电机峰值效率是衡量电机性能的重要指标之一。电动汽车电机峰值效率越高,表示在输出最大功率时,电机能够将更多的电能转化为机械能,从而提高电动汽车的加速性能和行驶能力。峰值效率受到多种因素的影响,如电机材料、电机设计、电机控制系统等。

6) 电机负荷效率

电机负荷效率是指电机在不同负载下的能量转换效率。它是电机输出功率和输入功率之比,以百分比方式表示。电机负荷效率随着负载的变化而变化,通常在额定负载下电机的负荷效率最高。在实际应用中,为了提高电机的效率,需要根据电机的工作要求选择合适的负载工作点。提高电机负荷效率可以降低电机的能耗,延长电池的续航里程,提高电动汽车的经济性和可靠性。

7) 电机过载能力

电机过载能力是指电机在额定工作条件下,能够承受短时间内超过额定负载的能力,通常是以电机额定负载的倍数来表示。例如,电机的过载能力为150%,则表示电机可以在短时间内承受额定负载的1.5倍。这个参数通常用于评估电动汽车在行驶中的加速性能和爬坡能力。电动汽车电机的过载能力与电机的设计、制造工艺和散热能力等因素有关。

(3) 驱动电机类型

电动汽车经常采用的驱动电机有直流电机、三相交流异步电机和永磁同步电机三类。

1) 直流电机

最早应用于电动汽车的是直流电机,其优点是成本低、易控制、调速性能良好,但结构复杂、转速低、体积大、维护频繁。随着电子技术、机械制造技术和自动控制技术的发展,三相交流异步电机、永磁同步电机逐步取代直流电机。直流电机结构如图4-2所示。

2) 三相交流异步电机

三相交流异步电机是目前工业领域应用十分广泛的一类电机。三相交流异步电机与同功率的直流电机相比效率更高,质量更轻,有着效率高、比功率较大、适合用于高速运转等优势。

图4-2　直流电机结构

应用车型:特斯拉 Model S、Modle X,江铃 E200 以及一些大功率电动汽车车型。

3) 永磁同步电机

永磁同步电机与其他类型的电机相比较,其最大优点就是具有较高的功率密度与转矩密度,在相同质量与体积下,永磁同步电机能够为新能源汽车提供最大的动力输出与加速度。但转子上的永磁材料在高温、震动和过流的条件下,会产生磁性衰退的现象,使得电机容易发生损坏。

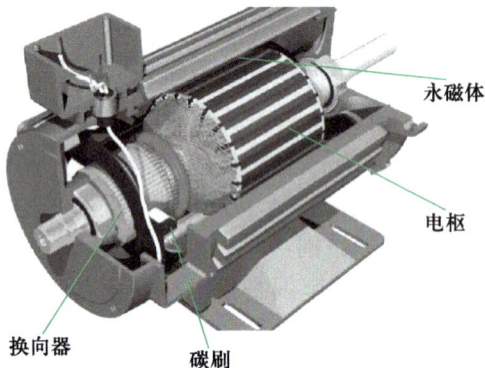

动画
新能源汽车永磁同步电机结构

应用车型：比亚迪秦、比亚迪宋 DM、宋 EV300、北汽 EV 系列、腾势 400、众泰 E200、荣威 ERX5 等。

4）三类驱动电机的性能比较

通过表 4-1 中功率密度、峰值效率、负荷效率等指标对比，永磁同步电机具有较大的优势，现在多数电动汽车采用永磁同步电机作为电动汽车的驱动电机。

表 4-1　各类型电机参数对比

参数类型	直流电机	三相交流异步电机	永磁同步电机
功率密度	低	中	高
峰值效率 /%	85~89	90~95	95~97
负荷效率 /%	80~87	90~92	85~87
转速范围 /(r/min)	4 000~8 000	12 000~15 000	4 000~10 000
可靠性	一般	好	优秀
结构坚固性	差	好	一般
外形尺寸	大	中	小
质量	重	中	轻
控制性能	很好	好	好
成本	低	较高	高
代表车型	电动代步车	特斯拉 Model S	比亚迪秦、唐

3. 三相交流异步电机的结构与工作原理

（1）三相交流异步电机的结构

三相交流异步电机主要由定子和转子两部分组成，如图 4-3 所示。定子与输入电源连接，产生旋变磁场；转子向外部输出机械能。

微课
三相交流异步
电机的结构

1）定子

定子固定在机座上，由定子铁心、绕组组成。机座主要用来固定定子铁心和定子绕组，并以前后两个端盖支撑转子转动，其外表还具有散热作用。

定子
转子

图 4-3　三相交流异步电机的结构

定子铁心是三相异步电机磁路的一部分，为了减小磁滞和涡流损耗，通常采用 0.35~0.5 mm 厚的硅钢片叠制而成，其内圆表面冲有槽，用于嵌放三相定子绕组，如图 4-4 所示。

定子绕组是三相交流异步电机电路的一部分，由嵌放在定子铁心槽中的线圈按照一定规则连接成三相绕组，其作用是产生旋转磁场，如图 4-5 所示。

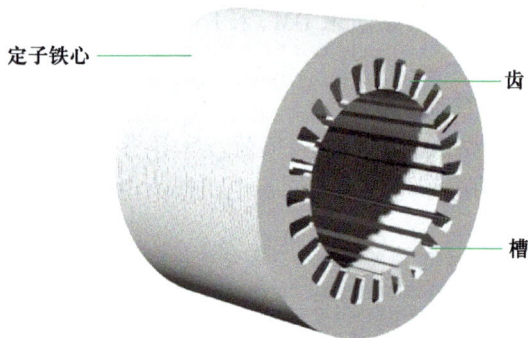

图 4-4　定子铁心

图 4-5　三相异步电机定子绕组

定子三相绕组之间及绕组与定子铁心槽之间均垫有绝缘材料,并用胶木槽楔紧固。定子三相绕组在空间位置、结构及物理参数等方面完全对称,六个出线端 U_1、U_2、V_1、V_2、W_1、W_2 连接到电机外部接线盒中的六个接线柱,定子绕组的接法主要有星形和三角形两种,如图 4-6 所示。

2) 转子

电动汽车三相异步电机转子采用鼠笼式转子,主要由转子铁心、转子绕组和转轴三个部分构成。

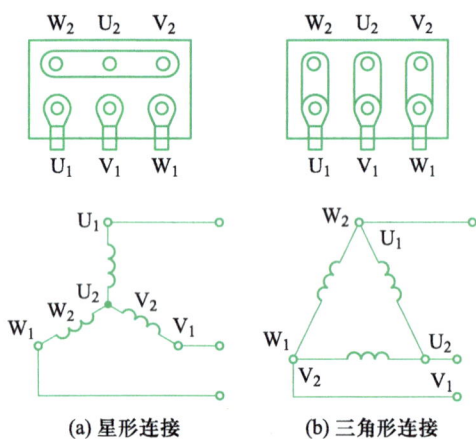

(a) 星形连接　　(b) 三角形连接

图 4-6　定子绕组的接法

鼠笼式转子绕组一般在转子铁心的槽内放置裸铜条或铝条等,两端用短路环焊接起来,构成闭合回路,由于其形状像鼠笼,因此称为鼠笼式转子,如图 4-7 所示。

(2) 三相交流异步电机工作原理

三相交流电通过定子绕组时,定子中会产生旋转的磁场。由于旋转磁场的频率和相位与电源相同,它会激励转子中的导体产生电流。转子导体中的电流场产生另一个磁场,这个磁场与旋转磁场相互作用,使得转子开始旋转。由于转子的运动相对于定子的旋转磁场存在滞后,所以此类感应式电机称为异步电机,如图 4-8 所示。

图 4-7 鼠笼式转子

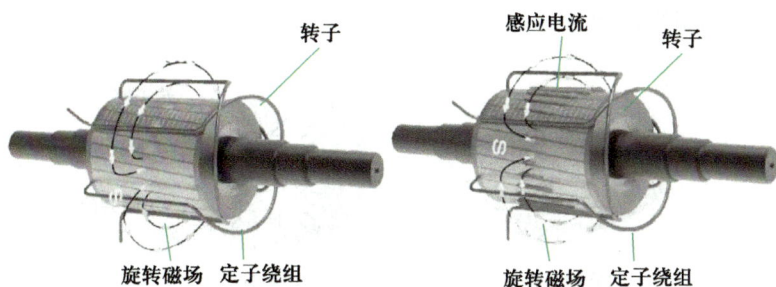

图 4-8 三相交流异步电机工作原理示意图

4. 永磁同步电机结构与工作原理

（1）永磁同步电机结构

永磁同步电机是采用永磁体提供励磁的电机,主要由定子、转子、旋变传感器等组成。新能源汽车上的永磁同步电机机座上设置有冷却液管路,用于电机实现快速散热,其结构如图 4-9 所示。

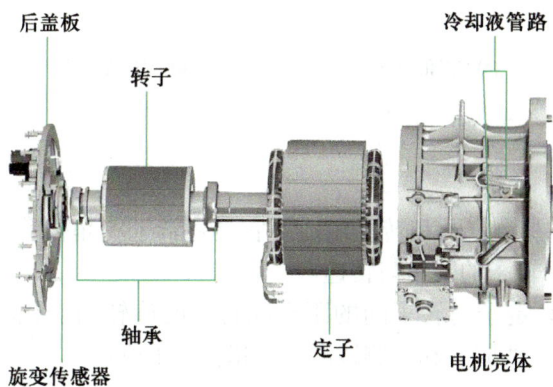

图 4-9 永磁同步电机的结构

1) 定子

定子由电枢铁心和电枢绕组组成,与普通同步电机的定子绕组一样,主要用于产生旋转磁场。

2) 转子

转子由永磁体、转子铁心和转轴组成。根据永磁体在定子上的安装方式,可分为外置式和内置式两种。

外置式转子将永磁材料贴到转子表面或嵌入转子表面。面贴式结构,具有结构简单、制造成本较低、转动惯量小等优点,在矩形波永磁同步电机和恒功率运行范围不宽的正弦波永磁同步电机中得到了广泛应用。

内置式转子的嵌入式结构可充分利用转子磁路的不对称性所产生的磁阻转矩,提高电机的功率密度,动态性能较面贴式结构有所改善,制造工艺也较简单,常被调速永磁同步电机所采用。

永磁同步电机根据永磁体磁化方向与转子旋转方向的关系分为径向式、切向式和混合式三种,如图 4-10 所示。

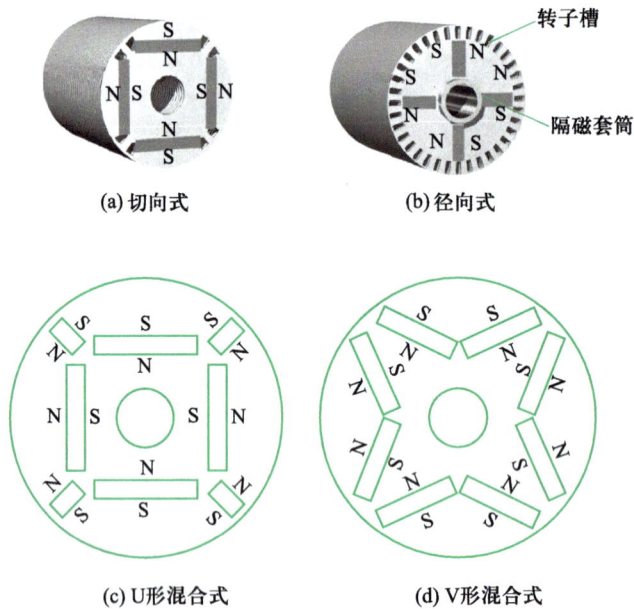

(a) 切向式   (b) 径向式

(c) U形混合式   (d) V形混合式

图 4-10   永磁同步电机分类

3) 旋变传感器

旋变传感器主要由定子和转子组成。它是将转子的角位移转换为电信号的位移传感器,用于测量转子的转角与转速。

转子为椭圆形,定子与转子间的距离随转子的旋转而变化。定子包括三种线圈:励磁线圈 A、检测线圈 S 和检测线圈 C,如图 4-11 所示。

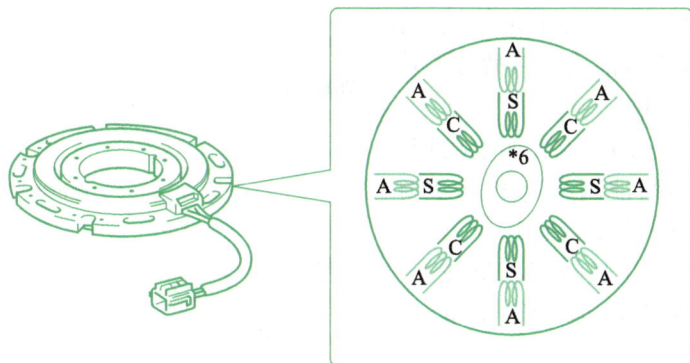

图 4-11　旋变传感器

在电动汽车上,旋变传感器作为测量驱动电机转子位置的元件,将转子位置信息传输给电机控制器,用于电机转速测量及控制。

（2）永磁同步电机工作原理

定子线圈接通三相交流电时,定子中会产生旋转的磁场。由于转子是磁极方向固定的永磁体,根据同性相斥、异性相吸的原理,定子的旋转磁场就会拉动转子同步旋转,转子旋转时和旋转磁场的频率和相位相同。通过控制电源的电压和频率,可以控制电机的转矩与转速,如图 4-12 所示。

微课

永磁同步电机
结构及工作
原理

图 4-12　永磁同步电机工作原理示意图

（3）旋变传感器工作原理

电机控制 ECU 将交流电流入励磁线圈 A,产生频率恒定的磁场,向检测线圈 S 和 C 输出该磁场。转子为椭圆形,定子与转子之间的间隙随转子的旋转而变化。由于间隙的变化,检测线圈 S 和 C 输出波形的峰值随转子位置的变化而变化,如图 4-13 所示。电机控制 ECU 根据检测线圈 S 和 C 输出值间的差异检测电机转子的绝对位置,同时根据给定时间内位置的变化量计算转速。

5. 驱动电机常见故障

① 电机绕组故障:电机绕组可能因为电极放电或是环境原因造成绝缘老化、破坏、短路等故障。

② 转子故障:由于电机长期工作,导致转子表面磨损、擦伤或疲劳断裂。

③ 电机轴承故障：电机的轴承在长期使用过程中可能磨损或疲劳失效，引发电机轴承故障。

④ 电子元器件故障：如电机控制器、电流开关等可能因为老化、过负荷、电温效应等原因而出现故障。

⑤ 温度过高：长时间高负载工作会使电机发热，若散热不当，电机温度过高会引起故障。

⑥ 湿度过高：电机长期工作在潮湿的环境中时，会导致电机内部发霉等故障。

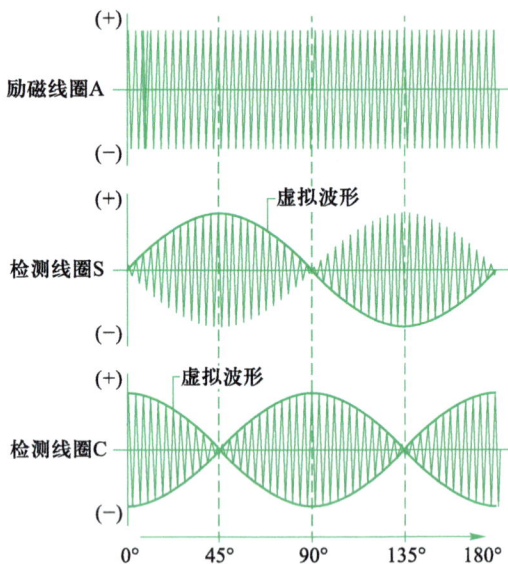

图 4-13　旋变传感器信号波形

6. 驱动电机检测

驱动电机的检测主要包括基本检查、诊断仪在线检测、电气元件检测和机械部件检测等。

（1）基本检查

① 检查驱动电机外观是否有破损，各接插器连接是否可靠，线束是否有破损，若发现有破损或者是异常状况应立即停止使用车辆，并将车辆移至厂家指定维修站点。

② 通过闻电机的气味也能判断故障。若发现有特殊的油漆味，说明电机内部温度过高，若发现较重的煳味，则可能是绝缘层被击穿或绕组已烧毁。

（2）诊断仪在线检测

诊断仪在线检测是指在汽车起动以后，连接诊断仪读取电机驱动系统的相关数据流，根据数据流分析电机驱动系统的工况，需要读取的主要数据有：MCU 使能命令、驱动电机工作模式命令、驱动电机转矩、转速指令方向命令、MCU 初始化状态、驱动电机当前状态、驱动电机当前工作模式、驱动电机当前旋转方向等。

（3）电气元件检测

驱动电机常见的电气故障有线路连接异常，电机绕组绝缘、短路、断路、断相运行等，可以借助万用表、兆欧表和数字电桥等检测工具进行检测。

① 检查电机驱动系统相关电气连接是否正常。

② 进行驱动电机三相绕组母线绝缘检测。使用兆欧表或绝缘测试仪的 500 V 挡位，测量电机三相绕组引出线与机壳之间的绝缘电阻，当检测值大于 500 Ω/V 或电机整体绝缘电阻大于 20 MΩ，表明驱动电机绝缘良好。

③ 进行驱动电机定子绕组断路检测。使用万用表的 200 Ω 挡位测量绕组 W 和 U 电路之间的电阻，正常情况下标准电阻值应小于 1 Ω，若测量值大于标准值，则说明两相绕组断路损坏；以同样方法测量其他绕组（W 和 V、U 和 V）之间的电阻。

④ 进行驱动电机三相绕组均衡性检测。使用万用表的 200 Ω 挡位测量绕组 W

和 U 电路之间的电阻,以同样方法测量其他绕组(W 和 V、U 和 V)之间的电阻,电阻值的差值在 5% 以内为正常。

⑤ 进行电机旋转变压器检测。

a. 用万用表欧姆挡检查旋转变压器励磁绕组的电阻值,正常为(7±2)Ω(随温度不同而变化)。

b. 用万用表欧姆挡检查旋转变压器正旋绕组的电阻值,正常为(15±2)Ω(随温度不同而变化)。

c. 用万用表欧姆挡检查旋转变压器余旋绕组的电阻值,正常为(12±2)Ω(随温度不同而变化)。

若检测数值为无穷大,表示已损坏,需要更换旋转变压器。

(4) 机械部位检测

驱动电机常见的机械故障主要有扫膛,振动,轴承过热和损坏等故障。轴承精度不合格及端盖内孔磨损或端盖止口与机壳止口磨损变形,使机壳、端盖、转子三者不同轴心会引起扫膛;转子动平衡不好、转轴转子弯曲,端盖、机壳与转子不同轴心,紧固件松动等会引起振动;轴承的配合太紧或太松会引起轴承过热而使轴承损坏。

1) 轴承轴向和径向跳动量

用百分表测量转子轴承的径向跳动量和轴向跳动量,转子轴承径向跳动量应小于 0.02 mm,转子轴承轴向跳动量应小于 0.05 mm。

2) 测量转子轴弯曲度

用百分表测量并检测转子轴的弯曲度,电机主轴的弯曲度应不大于 0.01mm。

若电机驱动系统相关部件的检测数值不在规定的范围内,请进一步检测确认故障,并根据故障点进行维修,具体检测标准见表 4-2。

表 4-2　电机驱动系统检测标准

检测内容	标准值
驱动电机三相绕组母线绝缘检测 /MΩ	>20
驱动电机绝缘检测 /MΩ	>20
驱动电机三相绕组断路检测 /Ω	<1
三相绕组电阻、电感值均衡性检测 /%	不均衡性<5
旋转变压器励磁绕组电阻值检测 /Ω	7±2(随温度不同而变化)
旋转变压器正弦绕组阻值检测 /Ω	15±2(随温度不同而变化)
旋转变压器余弦绕组阻值检测 /Ω	12±2(随温度不同而变化)
电机主轴弯曲度检测 /mm	≤0.01
转子轴承径向跳动量检测 /mm	<0.02
转子轴承轴向跳动量检测 /mm	<0.05

知识测试

一、单项选择题

1. 驱动电机可以将电能转化为（　　　）。

A. 热能　　　　B. 机械能　　　　C. 势能　　　　D. 磁能

2. 单位体积或单位质量电机所能输出的最大功率对应的是（　　　）指标。

A. 功率因数　　　　　　　　B. 转速范围

C. 功率密度　　　　　　　　D. 转矩性能

3. 与电机输出功率与电机输入功率的比值对应的是（　　　）指标。

A. 功率因数　　　　　　　　B. 转速范围

C. 功率密度　　　　　　　　D. 转矩性能

4. 三相交流异步电机（　　　）与输入电源连接，产生旋变磁场。

A. 转子　　　　　　　　　　B. 定子

C. 机体　　　　　　　　　　D. 旋变传感器

5. 旋变传感器定子由（　　　）线圈组成。

A. 1个　　　　B. 2个　　　　C. 3个　　　　D. 4个

二、多项选择题

1. 现在市场中电动汽车常用的驱动电机有（　　　　　）。

A. 直流电机　　　　　　　　B. 三相交流异步电机

C. 永磁同步电机　　　　　　D. 磁阻式电机

2. 三相交流异步电机主要由（　　　　）组成。

A. 转子　　　　　　　　　　B. 旋变传感器

C. 定子　　　　　　　　　　D. 换向器

3. 永磁同步电机主要由（　　　　）组成。

A. 转子　　　　　　　　　　B. 旋变传感器

C. 定子　　　　　　　　　　D. 换向器

4. 驱动电机的检测主要包括（　　　　）。

A. 基本检查　　　　　　　　B. 诊断仪在线检测

C. 电气元件检测　　　　　　D. 机械部件检测

5. 三相交流异步电机定子绕组的接法主要有（　　　　　）。

A. 三角形连接　　　　　　　B. 正方形连接

C. 星形连接　　　　　　　　D. 圆形连接

任务二　检修电机控制系统

任务描述

混合动力汽车电机控制系统通过收集车辆行驶信息，协调得出驱动电机与发动机的输出动力控制与充放电控制。本任务将以丰田卡罗拉混合动力汽车技术为基础进行电机控制系统工作原理与故障检修的学习。

学习目标

1. 能描述混合动力汽车车辆控制功能及原理。
2. 能描述逆变器的结构与工作原理。
3. 能分析电机主控制功能及工作原理。
4. 能分析增压转换器功能及工作原理。
5. 能按照操作规范完成电机控制系统检修。

知识学习

1. 混合动力汽车车辆控制

混合动力汽车车辆控制可实现对发动机动力与驱动电机动力混合的控制以及对高压蓄电池充电与放电的控制两大功能。

（1）混合动力汽车车辆控制功能

车辆控制 ECU 通过收集信息确定车辆行驶状态，对驱动电机和发动机的原动力进行优化控制，以实现更低的燃油消耗和更清洁的尾气排放。

车辆控制 ECU 通过加速踏板传感器的信号、换挡杆位置传感器的换挡杆位置信号和驱动电机旋变传感器的转速信号来计算目标原动力，并结合高压蓄电池的 SOC 和温度来计算发动机输出动力。从目标原动力中减去发动机输出动力所得的值即驱动电机输出动力，如图 4-14 所示。

（2）高压蓄电池的充电与放电功能

混合动力汽车车辆控制 ECU 根据蓄电池电流传感器检测的充电 / 放电安培数计算高压蓄电池的 SOC。车辆控制 ECU 根据计算出的 SOC 持续执行充电 / 放电控制，以将 SOC 保持在目标范围内，如图 4-15 所示。

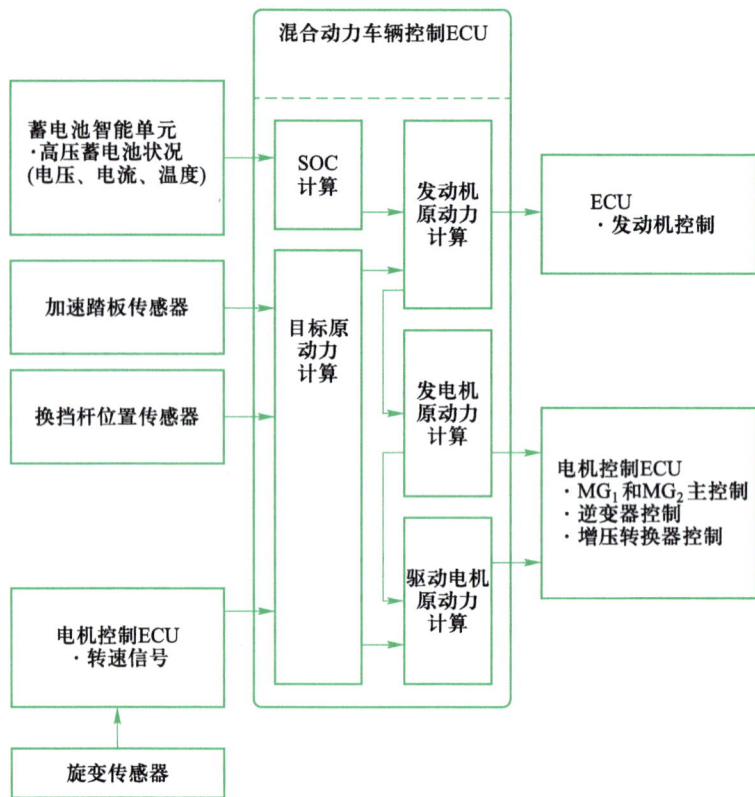

图 4-14　驱动电机输出动力计算

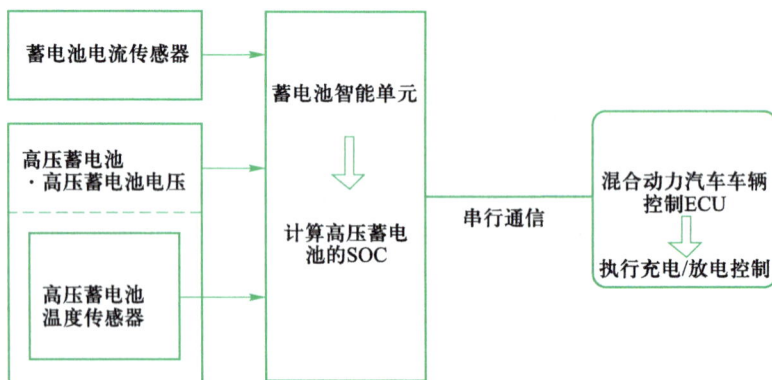

图 4-15　高压蓄电池的充电与放电功能

　　车辆行驶中,在加速过程中由驱动电机放电;在减速过程中由再生制动充电。高压蓄电池经历反复的充电/放电循环。

　　SOC 过低时,车辆控制 ECU 通过提高发动机的输出功率来操纵发电机,以对高压蓄电池充电。

2. 逆变器功用与组成

（1）逆变器的功用

逆变器的主要功用是将高压蓄电池提供的直流电转换为可以控制电机旋转速度和方向的三相交流电，并控制驱动电机的输出功率和扭矩，从而实现电动汽车的加速、减速和行驶等基本操作。同时，逆变器还能够通过回收制动能量将驱动电机产生的动能转换为电能并储存在电池中，以提高电动汽车的续驶里程。

（2）逆变器的组成

混合动力汽车逆变器由两个智能动力模块（IPM）组成，分别用于发电机和驱动电机控制。智能动力模块由三相桥式电路组成（包含 6 个 IGBT 与 6 个二极管），实现将直流电转换为三相交流电，同时也可将三相交流电转换为直流电，如图 4-16 所示。

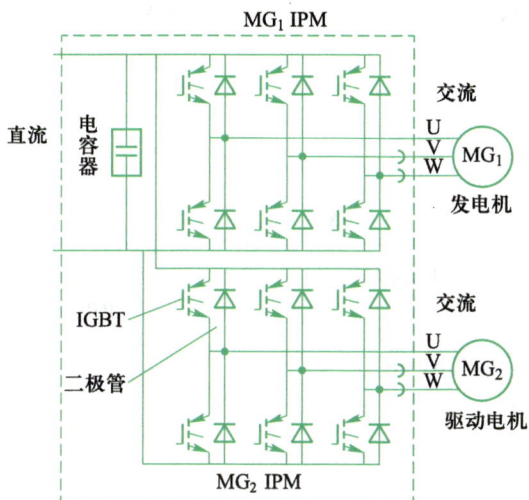

图 4-16　逆变器的组成

IGBT（绝缘栅双极型晶体管）由一个 PNP 结和一个 NPB 结组成，其控制端通过绝缘层与 PNP 结隔离。当控制端施加正向电压时，可以形成一个电子空穴对，打开 PNP 结，从而使电流通过整个器件；当控制端施加负向电压时，电子空穴对被阻挡，PNP 结关闭，电流无法通过。IGBT 具有功率放大和开关控制的双重功能，能够承受高电压和高电流，又能够在低电平下进行控制，如图 4-17 所示。

逆变器中的二极管主要起释放驱动电机定子绕组储能与对三相交流电进行整流的作用。

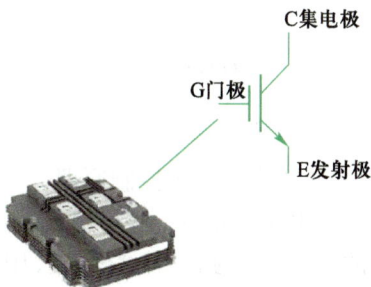

图 4-17　IGBT 的实物及结构

3. 电机主控制功能及工作原理

（1）电机主控制功能

① 驱动功能：驱动电机由发电机和高压蓄电池的电能驱动，产生驱动车轮的

动力。

② 发电功能：发电机由发动机驱动产生的高压电，为驱动电机供电并给高压蓄电池充电。同时，它还可作为起动机来起动发动机。

③ 能量再生功能：制动期间（再生制动协同控制）或未踩下加速踏板时（能量再生），驱动电机产生高压电为高压蓄电池充电。

（2）电机驱动控制原理

电机控制 ECU 根据接收到的车辆控制 ECU 的信号控制智能动力模块（IPM）内的 IGBT。IGBT 以电机作为电动机进行相应的控制，6 个 IGBT 在 ON 和 OFF 间切换各电机的 U、V 和 W 相定子绕组导通状态，为电动机发电机提供三相交流电，如图 4-18 所示。

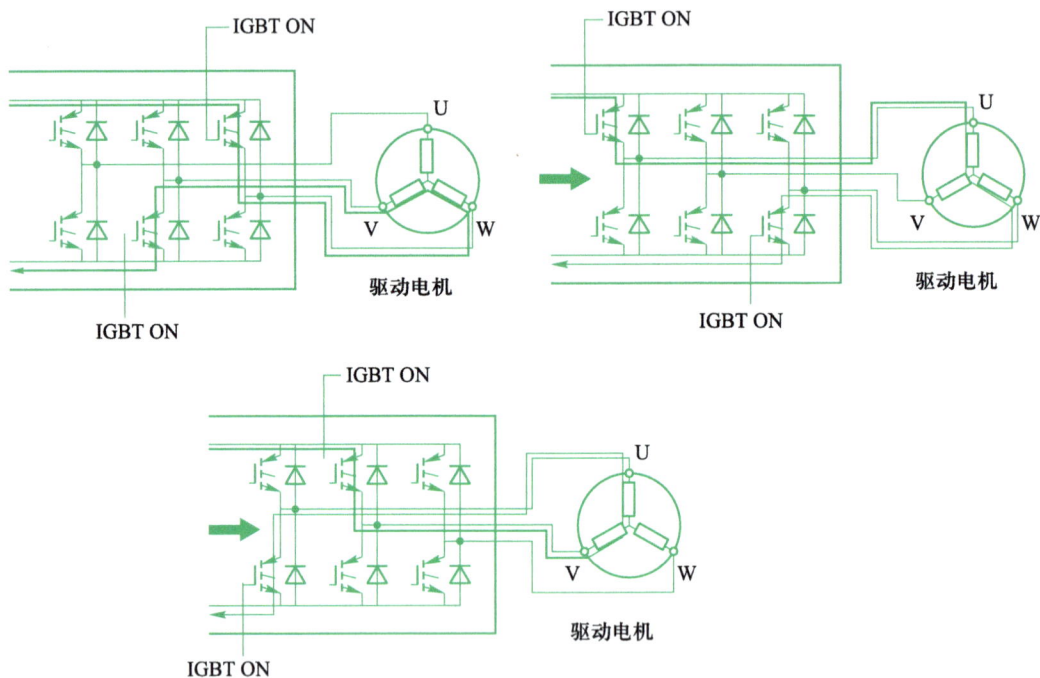

图 4-18 电机驱动控制原理示意图

（3）电机发电控制原理

电机发电时，由车轮或发动机驱动电机产生三相交流，通过智能动力模块内的二极管电路整流为直流，用于对高压蓄电池充电或驱动另一电机，如图 4-19 所示。

（4）电机转速与扭矩控制原理

电机控制 ECU 向智能动力模块发送指令，来实现对不同的驱动模式电机转速与转矩的控制。

控制系统通过对 IGBT 的通断控制，可以产生不同的等效电压。等效电压是指一系列有效面积不等的方波电压，等效于类似正弦波的电压，如图 4-20 所示。

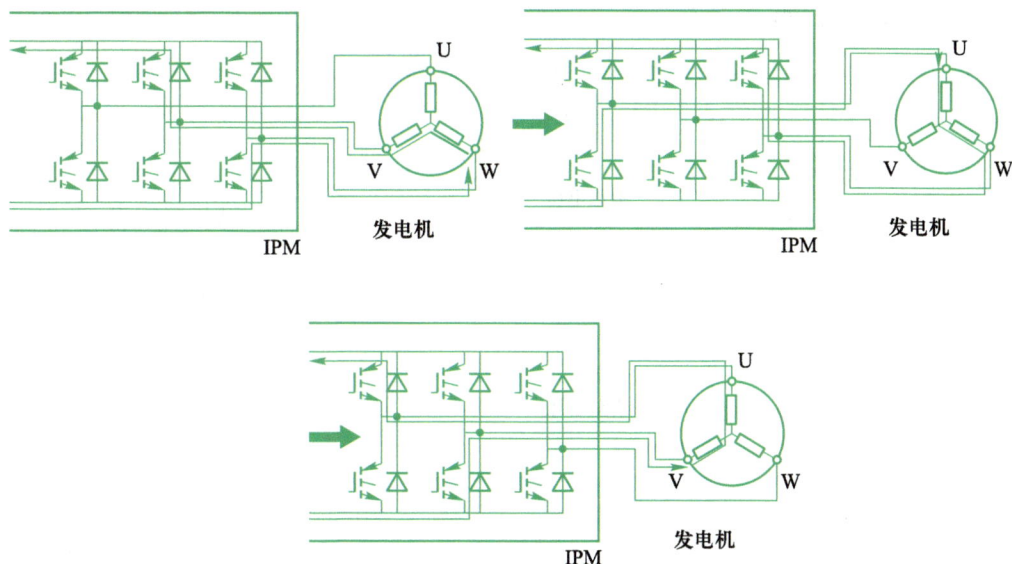

图 4-19　电机发电控制原理示意图

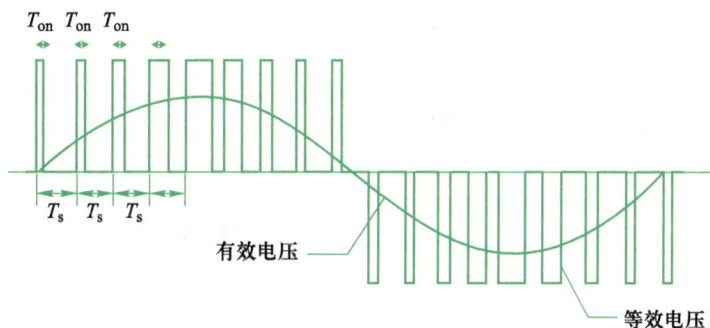

图 4-20　正弦波的电压控制

1）电机扭矩控制原理

在相同的开关频率下，T_s 不变，通过改变控制 IGBT 的接通时间 T_{on} 与关闭时间 T_{off} 的比值，可以改变电机工作电压的大小。当 T_s 保持不变，T_{on} 增大，等效正弦波频率不变，有效电压增大，可以实现控制电机扭矩的目的，如图 4-21 所示。

2）电机转速控制原理

当 T_s 发生变化，产生的有效电压频率发生变化。当 T_s 减小，等效的有效电压频率增大，电机旋转磁场的转速增大，电机转速跟着增大。因此，通过改变控制 IGBT 的开关频率，即可改变旋转磁场的转速，实现对电机转速的控制功能，如图 4-22 所示。

T_{on}　T_{on}　T_{on}

有效电压

等效电压

有效电压

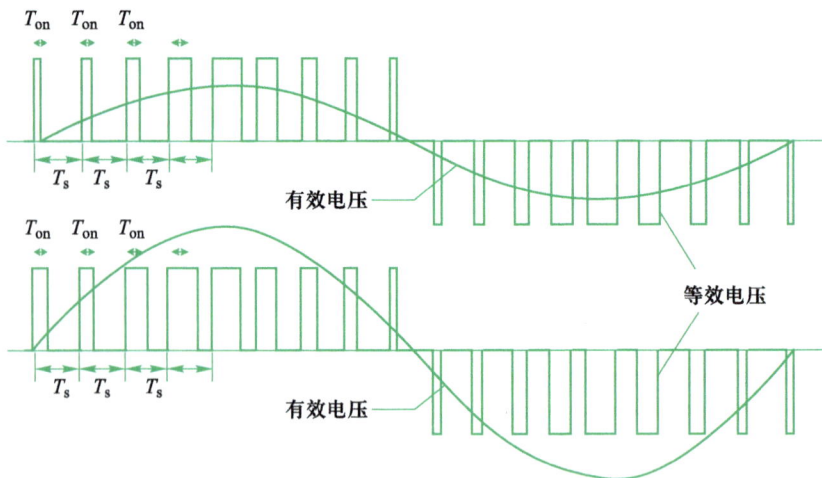

图 4-21　电机扭矩控制原理

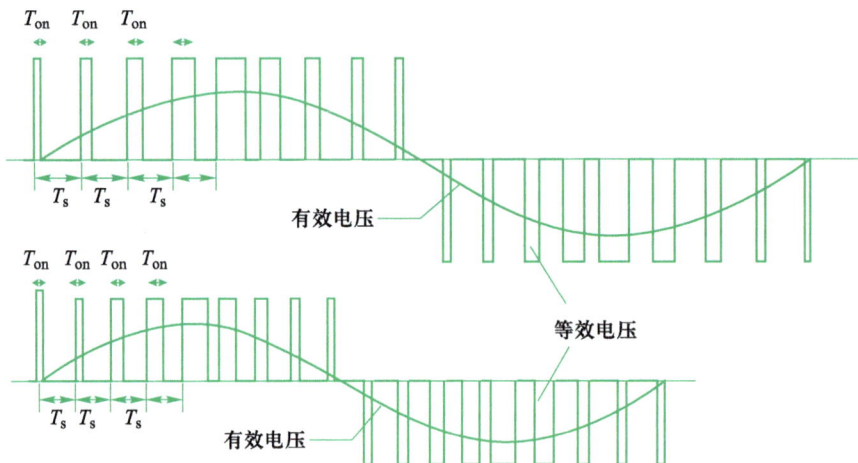

T_{on}　T_{on}　T_{on}

T_s　T_s　T_s

有效电压

等效电压

T_{on}　T_{on}　T_{on}　T_{on}

T_s　T_s　T_s

有效电压

图 4-22　电机转速控制原理

4. 逆变器控制功能

逆变器将来自高压蓄电池的直流电转换为交流电提供给发电机和驱动电机,以及将发电机和驱动电机产生的交流电转换为直流电给高压蓄电池充电。逆变器可将发电机产生的电流在逆变器内转换为直流后,按要求调整交流频率后提供给驱动电机。

车辆控制 ECU 接收到来自电机控制 ECU 的过热、过电流或电压故障信号时,将切断控制信号传输至电机控制 ECU,以断开智能动力模块,如图 4-23 所示。

5. 增压转换器功能

(1) 增压转换器升压功能

电机控制 ECU 根据车辆控制 ECU 提供的信号,增压转换器将高压蓄电池的直流电压由 201.6 V 升至最高直流电压 650 V,传输至逆变器,提升电机的工作效率。

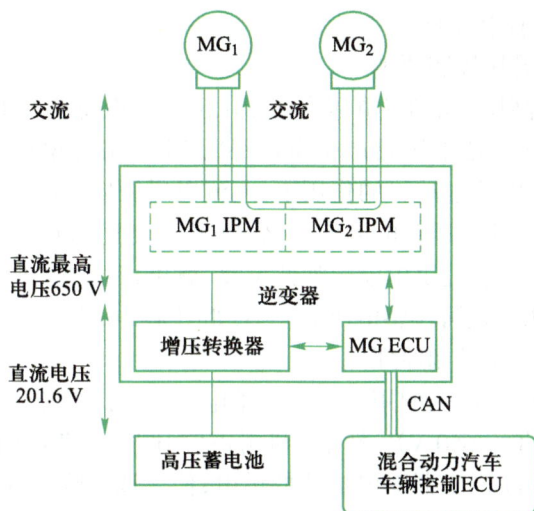

图 4-23　逆变器控制功能

（2）增压转换器降压功能

电机控制 ECU 根据车辆控制 ECU 提供的信号，增压转换器将发电机或驱动电机逆变器产生的交流电转换为 650 V（最高电压）的直流电，然后电压降至约直流201.6 V，给高压蓄电池充电。

（3）增压转换器组成

增压转换器包括带内置 IGBT（执行切换控制）的增压 IPM、储存电能并产生电动势的电感器和给增压的高压电进行充电和放电的电容器，如图 4-24 所示。

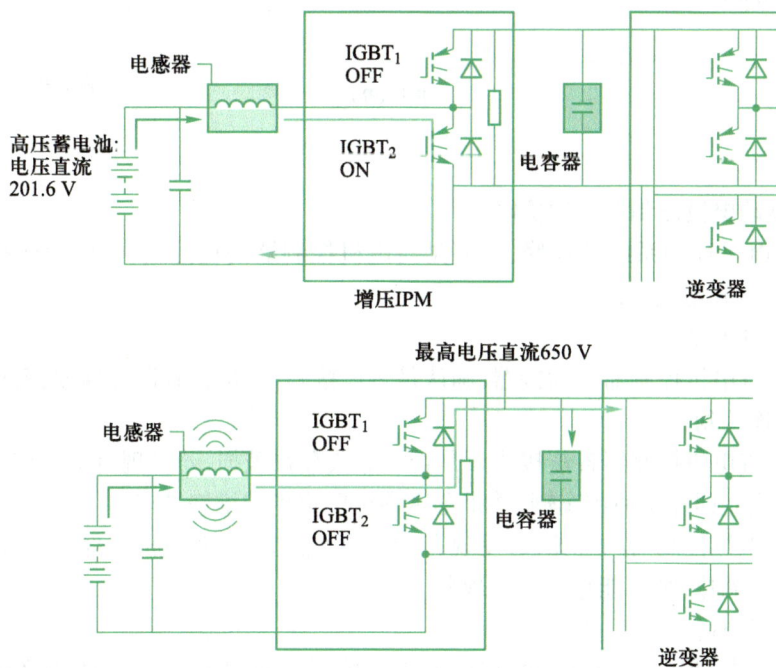

图 4-24　增压转换器组成及降压控制原理

（4）增压转换器控制原理

1）增压转换器升压控制原理

$IGBT_2$ 接通,使高压蓄电池(电压直流 201.6 V)为电感器充电,从而使电感器储存了电能。$IGBT_2$ 断开使电感器产生电动势,该电动势使电压升至最高电压直流 650 V。在电感器产生的电动势的作用下,电流以增压后的电压流入逆变器和电容器。$IGBT_2$ 再次接通,使高压蓄电池为电感器充电。与此同时,通过释放电容器中储存的电能,继续向逆变器提供电能。如此反复,就可持续地向逆变器提供升压后的电压。调整 $IGBT_2$ 占空比可调整电压的大小,如图 4-24 所示。

2）增压转换器降压控制原理

驱动电机或发电机产生的用于为高压蓄电池充电的交流电被逆变器转换为直流电(最高电压为直流 650 V)。然后,利用占空比控制使 $IGBT_1$ 在 ON 和 OFF 之间切换,间歇性地中断逆变器对电抗器的供电,使之逐步降至约直流 201.6 V,如图 4-25 所示。

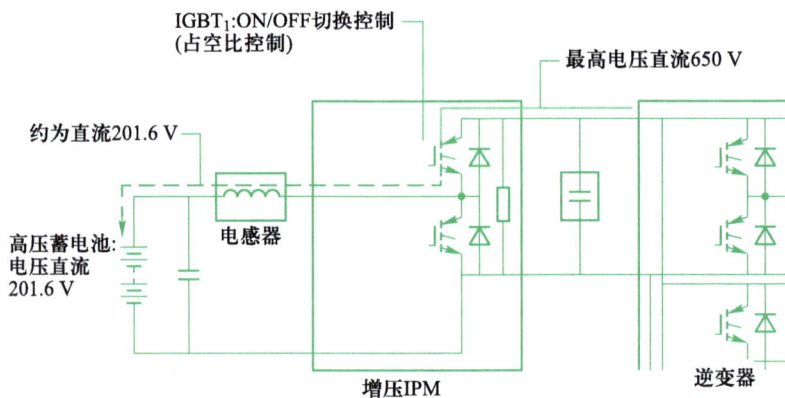

图 4-25　增压转换器降压控制原理示意图

6. 驱动电机控制系统的检修

驱动电机控制系统的检修,主要是对电机控制器的检测,检测内容包括基本检查、在线检测和电气检测。

（1）基本检查

① 检查电机控制器各插接器,确认是否连接到位,是否有退针现象,若连接有问题应及时连接到位。

② 检查电机控制器各连接线束是否牢靠或存在破损,若发现有破损或者是异常连接状况应立即停止使用车辆,并将车辆移至厂家指定维修站点。

③ 闻电机控制器的气味,若发现有特殊的油漆味,说明电机内部温度过高,若发现较重的焦煳味,则可能存在烧坏现象。

（2）在线检测

在汽车起动以后,连接诊断仪读取电机控制器的相关数据流,根据数据流分析电机控制器的工况,需要读取的主要数据是高压电路绝缘阻抗、电压电路漏电流、电压电路绝缘状态监测、温度监测与控制等电机控制器高压检测完成指标。

(3) 电气检测

电机控制器的主要故障是电气故障,可以借助相关检测工具和设备进行检测。

1) 电机控制器高压输入插接器端子 A 绝缘检测

断开蓄电池负极,断开 MCU 低压插头,并断开电机控制器的高压输入接插器。使用兆欧表的 500 V 挡位,测量电机控制器高压输入接插器端子 A 和车身搭铁之间的电阻值,正常电阻值为大于 20 MΩ;若测量值小于标准值,则说明电机控制器短路并损坏。

2) 电机控制器高压输入插接器端子 B 绝缘检测

断开蓄电池负极,断开 MCU 低压插头,并断开电机控制器的高压输入接插器。使用兆欧表的 500V 挡位,测量电机控制器高压输入接插器端子 B 和车身搭铁之间的电阻值,正常电阻值为大于 20 MΩ;若测量值小于标准值,则说明电机控制器短路并损坏。

若通过检测确认电机控制器存在故障,需要将驱动电机从车身上拆下进行维修或更换。

注意事项:拆卸电机控制器之前必须严格按照规范进行下电操作。因为拆卸电机控制器需要断开电机与电机控制器之间的高压线束,为确保安全,务必做好高压安全防护。

知识测试

一、单项选择题

1. 车辆控制 ECU 通过加速踏板传感器、换挡杆位置信号和( )信号来计算目标原动力。

    A. 发动机转速   B. 高压蓄电池电压

    C. 旋变传感器   D. 电机温度

2. 逆变器主要功用是将高压蓄电池提供的直流电转换为可以控制驱动电机旋转速度和方向的( ),并控制驱动电机的输出功率和扭矩。

    A. 高压直流电   B. 三相交流电

    C. 单相交流电   D. 低压直流电

3. 逆变器中的 1 个智能动力模块包含( )个 IGBT(绝缘栅双极型晶体管)。

    A. 4   B. 5   C. 6   D. 12

4. 逆变器中的二极管在电路中起到续流与( )的作用。

    A. 释放   B. 稳压   C. 紊流   D. 整流

5. 电机发电时,由车轮或发动机驱动电机产生三相交流,通过智能动力模块内的（　　　）电路整流为直流。

    A. 电容   B. 二极管   C. IGBT   D. 电感

二、多项选择题

1. 混合动力汽车驱动电机具备（　　　　　）功能。

    A. 驱动   B. 制动   C. 转向   D. 充电

2. 逆变器具备（　　　　　）功能。

    A. 交流变直流   B. 直流变交流

    C. 交流变交流   D. 直流变直流

3. 驱动电机目标动力由（　　　　　）ECU 协同计算。

    A. 变速器   B. 电机控制   C. 车辆控制   D. 发动机控制

4. 电机主控制功能包含（　　　　　）功能。

    A. 发电功能   B. 驱动功能

    C. 能量再生功能   D. 再生制动协同

5. 电机控制 ECU 控制 IGBT（　　　　　）实现驱动电机的转速与转矩控制。

    A. 开关频率   B. 开关占空比   C. 开启时刻   D. 关闭时刻

学习情境四工作页

任务工单一：检查混合动力汽车的驱动电机

姓名		学号	
指导教师		工位	

1. 在实训用永磁同步电机上指出下列部件并说明其作用。

（1）定子。

_____

（2）转子。

_____

（3）旋变传感器。

_____

2. 写出三相交流异步电机的工作原理。

_____

3. 写出永磁同步电机的工作原理。

_____

4. 根据维修手册，完成驱动电机定子绕组测量的计划编写并实施（内容要求包含高压电操作注意事项、场地要求、拆装步骤、工具要求、操作规范）。

_____

_____

_____

5. 根据维修手册，完成驱动电机旋变传感器测量的计划编写并实施（内容要求包含高压电操作注意事项、场地要求、拆装步骤、工具要求、操作规范）。

_____

_____

任务工单二：检修驱动电机控制系统

姓名		学号	
指导教师		工位	

1. 根据混合动力汽车车辆控制原理图,写出控制系统对驱动电机目标输出动力的计算过程。

2. 写出混合动力汽车逆变器的功用。

3. 绘制逆变器中智能动力模块 IPM 的控制原理电路,说明其中元器件的作用。

4. 写出电机主控制功能中的驱动控制原理。

5. 写出电机扭矩控制原理。

6. 写出电机转速控制原理。

7. 使用诊断仪检测制动系统数据并填写下表。

序号	测量项目	数据	结果分析与判断
1	发电机转速		
2	发电机扭矩请求值		
3	发电机扭矩执行值		
4	电机转速		
5	电动机(MG$_2$)扭矩请求值		
6	电动机(MG$_2$)扭矩执行值		
7	电动机再生制动执行扭矩		
8	发电机温度		

续表

序号	测量项目	数据	结果分析与判断
9	电动机温度		
10	电动机逆变器温度		
11	V 相位电机电流		
12	W 相位电机电流		
13	电动机(MG_2)载波频率		
14	电动机(MG_2)控制模式		
15	增压前的电压		
16	增压后的电压		

8. 排除混合动力汽车动力电机不工作的故障(要求内容包含确认故障现象、分析故障原因、确定故障范围、排除故障、故障机理分析 5 个部分)。

评价表一：检查混合动力汽车的驱动电机

评估指标	评估内容	优秀	良好	一般	需改进
学科知识掌握	了解驱动电机的类型与特点				
	理解驱动电机的结构与工作原理				
	熟悉驱动电机评价指标				
	掌握使用维修手册的方法				
问题解决能力	能够拆卸与安装驱动电机				
	能够检测与维修驱动电机				
创新思维	在维修过程中提出关于保证安全、质量、满意度的创造性方案				
沟通和合作能力	有效向他人解释技术				
	能够有效协同合作				
	参与小组项目和团队活动主动性				
自主学习和持续进步	学习态度与动力				
	学习方法与策略				
	信息获取与分析				
	自我评价与反思				
评估说明	优秀(5分)：学生在该指标上表现出色，能够熟练掌握、灵活应用，并展现出较高水平。 良好(4分)：学生在该指标上表现良好，能够掌握和应用，但有少量细节方面需要改进。 一般(3分)：学生在该指标上表现一般，基本掌握知识和能力，但需要加强理解和应用。 需改进(2分)：学生在该指标上表现较弱，掌握不足，需加强学习和提升能力				

评价表二：检修驱动电机控制系统

评估指标	评估内容	优秀	良好	一般	需改进
学科知识掌握	了解混合动力汽车车辆控制功能及原理				
	了解逆变器的结构与工作原理				
	了解增压转换器功能及工作原理				
	了解电机主控制功能及工作原理				
	掌握故障排除 5 步法				
	掌握使用维修手册的方法				
问题解决能力	能够检测驱动电机控制系统				
	能够排除驱动电机控制系统故障				
创新思维	依据测量参数,对故障排除 5 步法进行灵活运用				
	在维修过程中提出关于保证安全、质量、满意度的创造性方案				
沟通和合作能力	有效向他人解释技术				
	能够有效协同合作				
	参与小组项目和团队活动主动性				
自主学习和持续进步	学习态度与动力				
	学习方法与策略				
	信息获取与分析				
	自我评价与反思				
评估说明	优秀(5 分):学生在该指标上表现出色,能够熟练掌握、灵活应用,并展现出较高水平。 良好(4 分):学生在该指标上表现良好,能够掌握和应用,但有少量细节方面需要改进。 一般(3 分):学生在该指标上表现一般,基本掌握知识和能力,但需要加强理解和应用。 需改进(2 分):学生在该指标上表现较弱,掌握不足,需加强学习和提升能力				

学习情境五 ▶▶▶

······································

检修混合动力汽车传动桥

▶ **情境描述**

　　客户反馈混合动力汽车无法行驶,在停车之前还听到混合动力汽车传动桥发出很响的咔咔声,维修技师初步判断,需要对车辆动力系统进行检修。

任务一　描述典型混合动力汽车传动桥的特点

任务描述

随着混合动力汽车技术的不断革新,市面上出现了不同类型的混合动力汽车传动桥。本次任务将学习典型混合动力汽车传动桥的结构与原理,认识其技术特点,为快速分析混合动力传动桥故障打下基础。

学习目标

1. 能描述不同混合动力汽车传动桥的特点。
2. 能分辨出混合动力传动桥的类型。
3. 能说出混合动力传动桥的组成。
4. 能分析混合动力传动桥的技术特点。

知识学习

1. 混合动力传动桥的类型

混合动力汽车的混合动力传动桥是一种由电机和传统燃油发动机组成的混合动力系统,它们通过一个复杂的传动装置共同提供给车辆动力。在混合动力汽车中,电机可以单独或与发动机协同工作,以满足驾驶人的动力需求,并在不同的行驶条件下实现最佳的燃油经济性和排放性能。混合动力传动桥还可以通过回收制动能量和存储电池中的电能来进一步提高燃油经济性和减少尾气排放。目前,混合动力传动桥的类型主要分为以下三类。

① 串联式混合动力传动桥是一种将燃油发动机和电动机串联连接起来的混合动力系统,如图 5-1 所示。串联式混合动力传动桥在沃蓝达、宝马 i3、理想 L9 等混合动力车型中得到了广泛应用。

② 并联式混合动力传动桥是一种将燃油发动机和电机同时连接到车轮上的混合动力系统,如图 5-2 所示。并联式混合动力传动桥在思域 Hybrid IMA、CR-Z、Insight 等混合动力轿车中得到了广泛应用。

混联式混合动力传动桥是一种将串联式和并联式混合动力系统相结合的混合动力系统,如图 5-3 所示。例如丰田普锐斯 THS、BYD 的 DM-i、本田的 IMMD 等混合动力轿就采用了混联式混合动力系统。

————— 电力传输　　　————— 动力传输

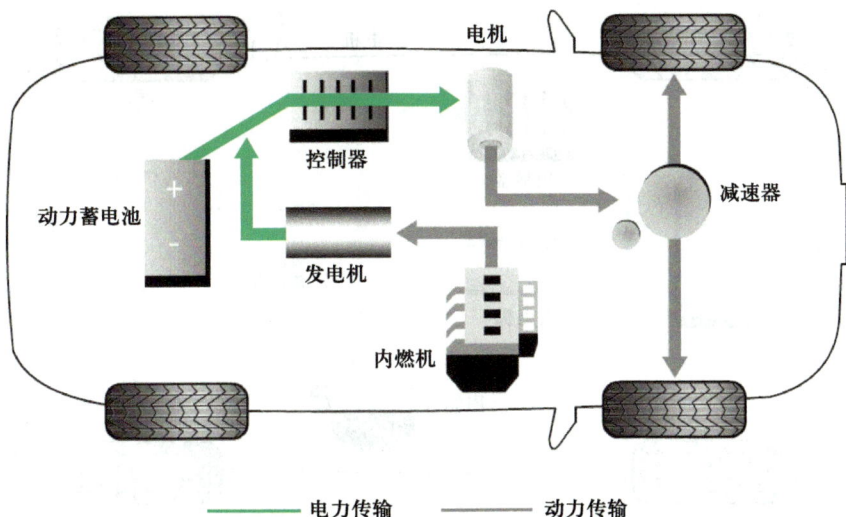

图 5-1　串联式混合动力汽车组成示意图

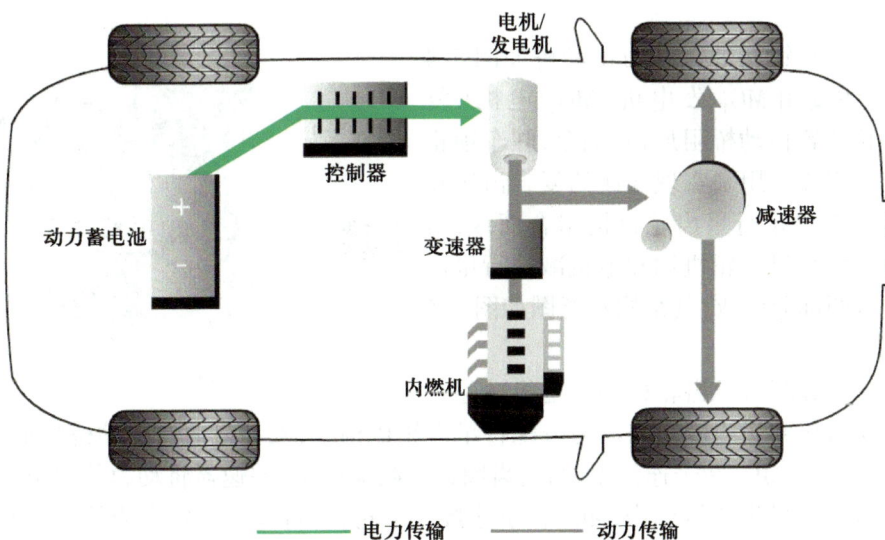

————— 电力传输　　　————— 动力传输

图 5-2　并联式混合动力汽车组成示意图

2. 混合动力传动桥的结构

　　不同类型的混合动力传动桥都是结合了内燃机和电机的传动系统,用于将两种动力源的能量转化为车轮动力。通过控制系统对各个部分进行协调和控制,以确保整个系统的高效、安全运行,提高汽车燃油经济性、减少尾气排放和改善车辆驾驶性能。下面以丰田普锐斯为例介绍混合动力传动桥的结构。

🎬动画

混合动力传动
桥的结构

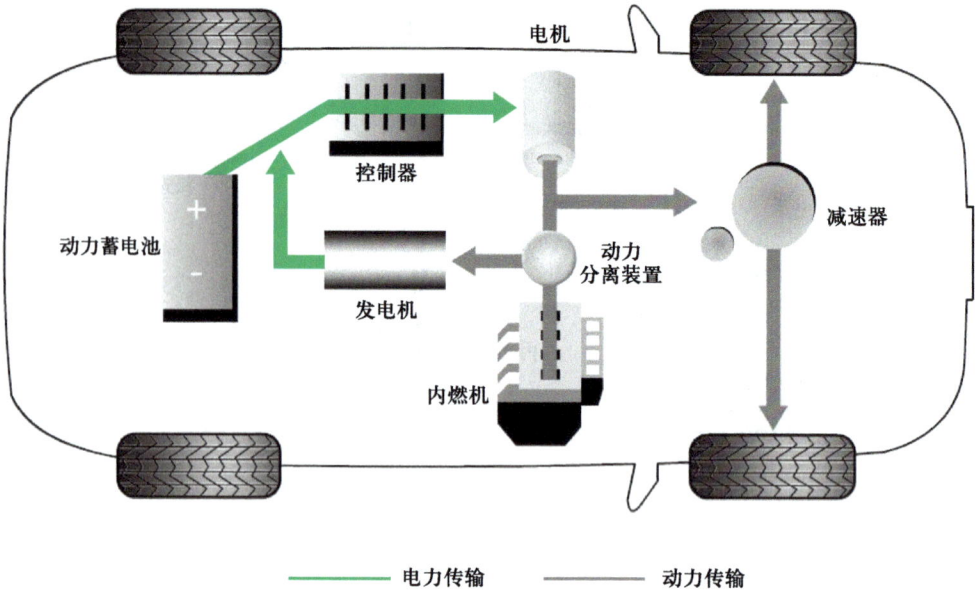

电机

控制器

动力蓄电池

发电机

动力
分离装置

内燃机

减速器

──── 电力传输　　──── 动力传输

图 5-3　混联式混合动力汽车组成示意图

丰田普锐斯混合动力传动桥如图 5-4 所示，主要由 MG_1（发电机）、MG_2（电机）、复合齿轮装置传动桥阻尼器、油泵、驻车锁止执行器组成。用来实现变速的复合齿轮装置由两个单排行星齿轮机构组合而成，由动力分配行星齿轮机构和电机减速行星齿轮机构两部分组成，其结构示意图如图 5-5 所示。

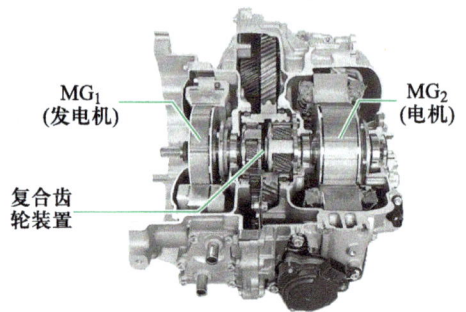

MG_1
（发电机）

MG_2
（电机）

复合齿轮装置

图 5-4　丰田普锐斯混合动力传动桥

动力分配行星齿轮机构与电机减速行星齿轮机构共用齿圈。在动力分配行星齿轮机构中，发动机通过传动桥阻尼器与行星架连接，MG_1 转子连接太阳轮，齿圈通过减速机构、差速器将动力传递至车轮。电机减速行星齿轮机构中，MG_2 转子连接太阳轮，后行星架固定在壳体上，MG_2 的动力经行星齿轮机构减速后传递给齿圈向外输出。

（1）传动桥阻尼器

传动桥阻尼器安装在与燃油汽车离合器相同的位置，如图 5-6 所示。传动桥阻尼器上安装了螺旋弹簧和扭矩限制器，主要用于减小传输动能时产生的振动和限制可输入的最大扭矩。

（2）MG（电机 / 发电机）

内置于混合动力传动桥的 MG_1 和 MG_2 为紧凑且高效的交流永磁电机，如图 5-7 所示。MG_1 和 MG_2 均由定子、定子线圈、转子（永久磁铁）和解析器（转速传感器）等组成。

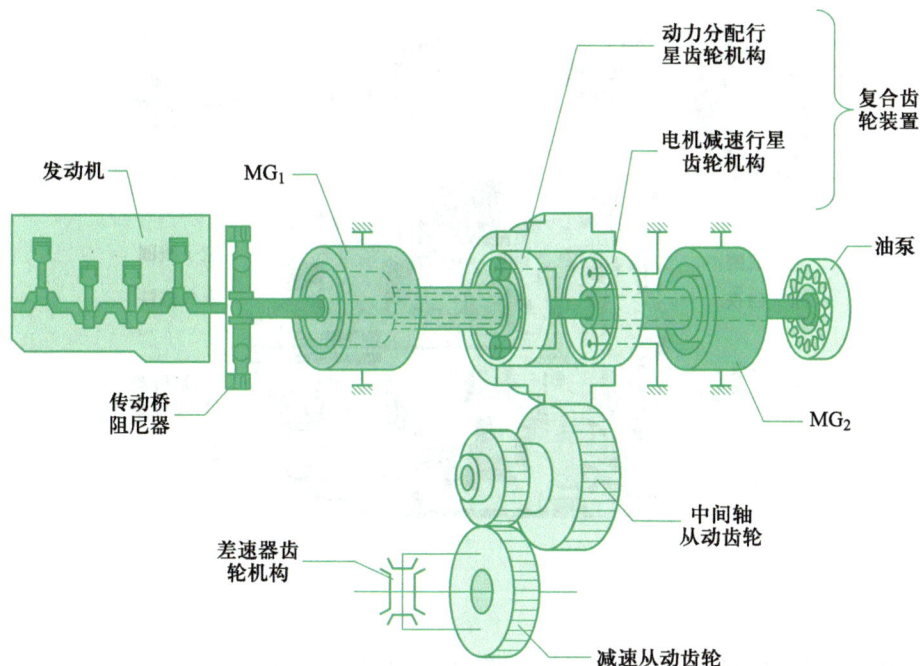

图 5-5　丰田普锐斯混合动力传动桥结构示意图

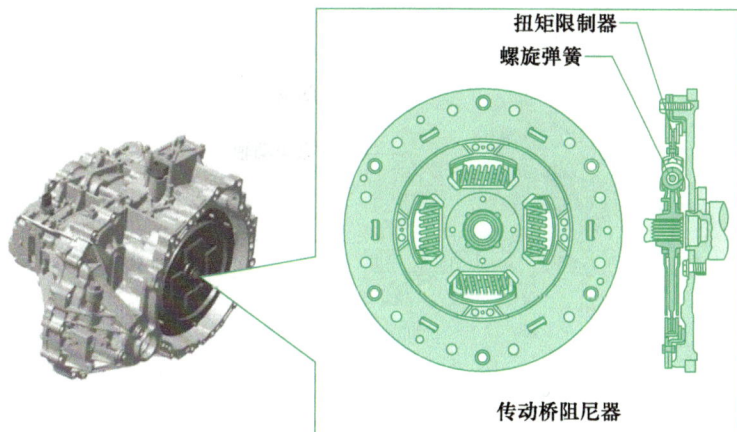

图 5-6　传动桥阻尼器

　　MG_1 主要作为发电机产生电能,用于驱动 MG_2 和给混合动力蓄电池充电。此外,发动机起动时,MG_1 用作发动机。

　　MG_2 主要用作电机来驱动车辆,依靠 MG_1 和混合动力蓄电池提供的电能工作。在减速过程中,MG_2 可转换为发电机给混合动力蓄电池充电。

　　混合动力汽车的发动机与传统燃油汽车发动机基本一致,广泛地采用四冲程内燃机(汽油机或柴油机)。为更好匹配混合动力汽车的工作要求,混合动力汽车发动机进气系统、冷却系统相应做了优化设计,如采用阿特金森循环发动机、电子冷却液泵等。

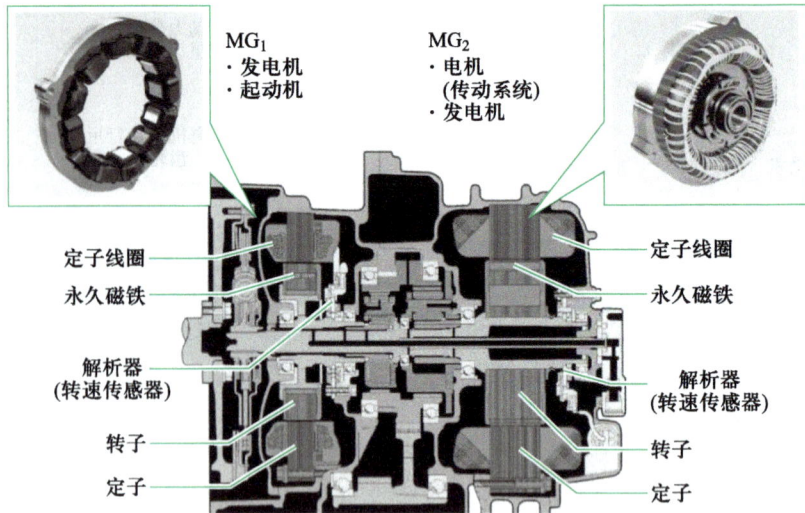

图 5-7 MG_1 和 MG_2 的组成

(3) 机械油泵

机械油泵由油泵驱动轴、油泵主动转子、油泵从动转子和油泵盖组成,内置于混合动力传动桥,由发动机驱动,为传动桥齿轮机构提供润滑,如图 5-8 所示。

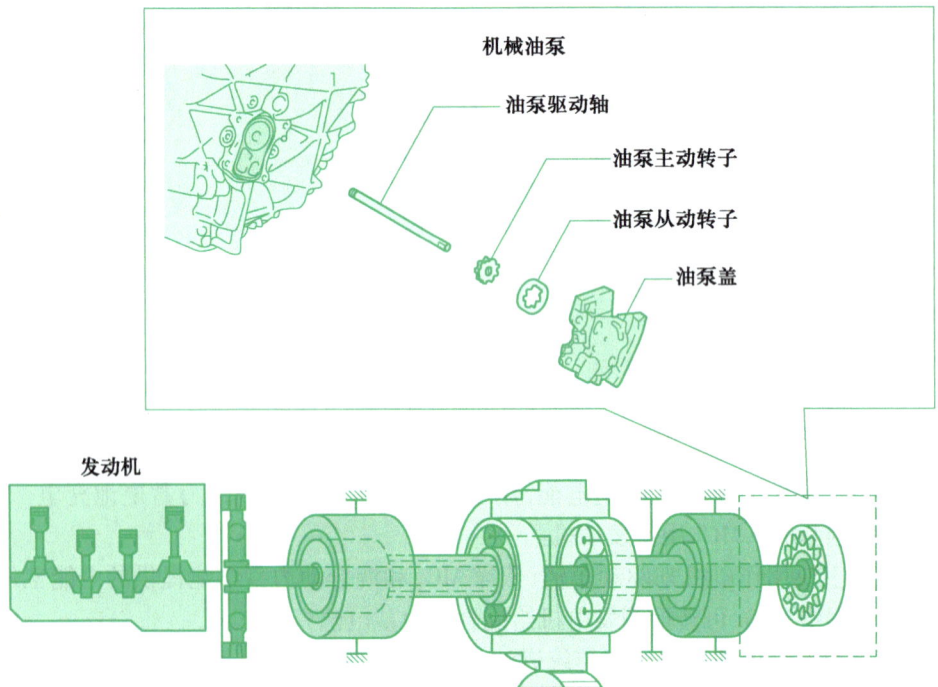

图 5-8 机械油泵

（4）驻车锁止执行器

驻车锁止执行器安装在混合动力传动桥的一侧，由开关磁阻电机和摆线减速机构组成，其作用是接合和分离混合动力传动桥内的驻车锁止机构，如图 5-9 所示。

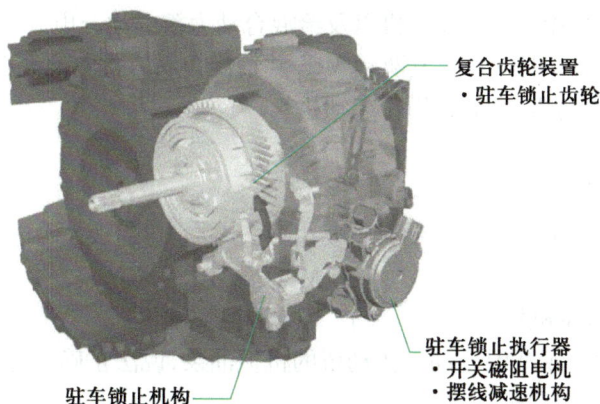

图 5-9　驻车锁止执行器

丰田普锐斯混合动力传动桥的特点如下。

① 主要由 MG$_1$、MG$_2$、复合行星齿轮装置、传动桥阻尼器、减速器齿轮副、差速器齿轮机构和机械油泵等组成。

② 发动机、MG$_1$ 和 MG$_2$ 通过复合行星齿轮装置机械连接，实现了平稳、静谧运行。

③ 包括 MG$_2$（用于驱动车辆）和 MG$_1$（用于发电），工作过程中能同时进行发电和电机驱动。

④ 使用电子换挡杆系统进行换挡控制。

知识测试

一、单项选择题

1. 电机减速行星齿轮机构的（　　　）与 MG$_2$ 的转子相连，齿圈与复合齿轮（车轮）为一体。

　　A. 行星架　　　　B. 齿圈　　　　　C. 行星齿轮　　　　D. 太阳齿轮

2. 混合动力传动桥动力分配齿轮机构的行星架是由（　　）直接驱动的。

　　A. 主减速器　　　　　　　　　B. 发动机

　　C. 中间轴从动齿轮　　　　　　D. 油泵

3. MG$_1$ 的转子与（　　　）相连。

　　A. 动力分配行星齿轮机构行星架

　　B. 动力分配行星齿轮机构太阳轮

  C. 电机减速行星齿轮机构太阳轮

  D. 电机减速行星齿轮机构齿圈

4. 以下是关于混合动力传动桥 MG 的描述,正确的是(　　　)。

  A. MG_1 主要用作电机以驱动车辆

  B. 减速时,MG_2 用作发电机以及给混合动力蓄电池充电

  C. MG_1 主要用作电机,其驱动 MG_2 并给混合动力蓄电池充电

  D. 起动发动机时,MG_2 用作起动机

二、多项选择题

1. 丰田普锐斯混合动力传动桥主要由(　　　　)组成。

  A. MG_1 B. MG_2

  C. 行星齿轮机构   D. 发动机

2. 关于丰田普锐斯混合动力传动桥的机械油泵,说法正确的是(　　　　)。

  A. 油泵由发动机驱动

  B. 其作用是为传动桥齿轮机构提供润滑油

  C. 油泵由电机驱动,以保证在发动机不工作的情况下,传动桥充分润滑

  D. 由油泵驱动轴、油泵主动转子、油泵从动转子和油泵盖组成

任务二　混合动力传动桥的工作原理

任务描述

  在本次任务中,我们将使用列线图分析在各种工况下混合动力传动桥的动力传递线路,深入理解混合动力传动桥的工作原理。

学习目标

1. 能画出列线图。
2. 能使用列线图分析行星齿轮机构的运动规律。
3. 能分析在各种工况下,混合动力传动桥的工作原理及动力传递线路。

知识学习

1. 列线图的画法

  行星齿轮机构具有结构紧凑、传动平稳、承载能力强等特点,广泛应用于变速器、减速器等传动机构上。

行星齿轮机构由太阳轮、行星架、齿圈组成，如图 5-10 所示。

从动件：
主动件：　　　　　　　　　太阳轮　　　　行星齿轮

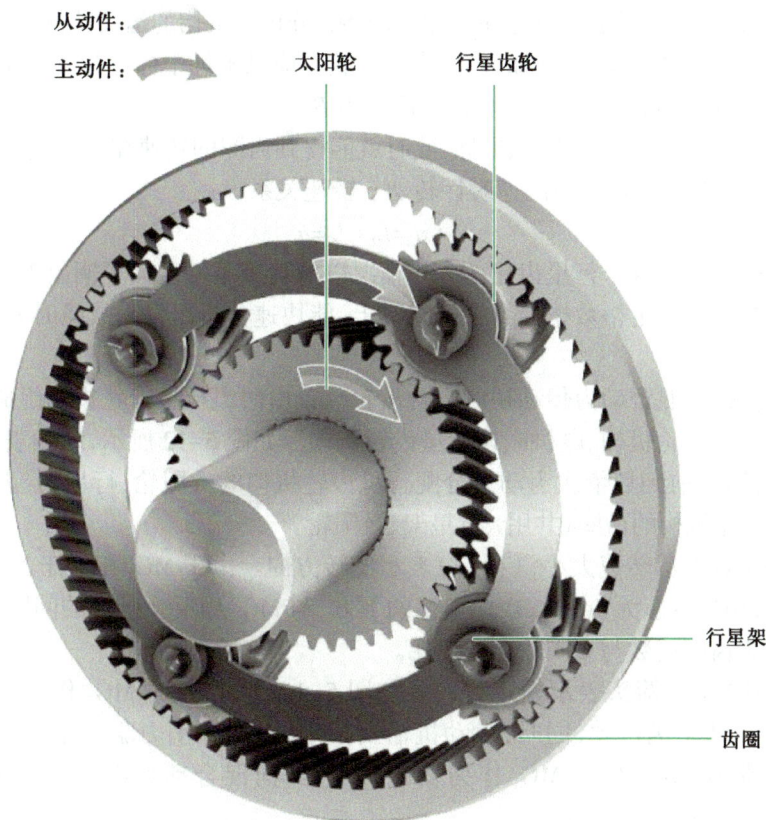

行星架

齿圈

图 5-10　行星齿轮机构

在太阳轮、行星架、齿圈三个部件中，固定一个部件，一个作为输入部件、另一个作为输出部件，可以实现多个传动比传动。三者的运动关系为：

$$n_1+an_2-(1+a)n_3=0$$

式中：n_1 表示太阳轮转速；n_2 表示齿圈转速；n_3 表示行星架转速；a 表示齿圈齿数与太阳轮齿数之比。

为了便于分析行星齿轮机构各部件之间的运动关系，将动力传动部件的转速、方向等特征表现在平面线条图形上，就是一般所说的列线图。

如图 5-11 所示，列线图横坐标上三个位置的直线，依次代表行星齿轮机构的太阳轮、行星架、齿圈。两段线段之比 $L_1:L_2=a$，即等于齿圈齿数与太阳轮齿数

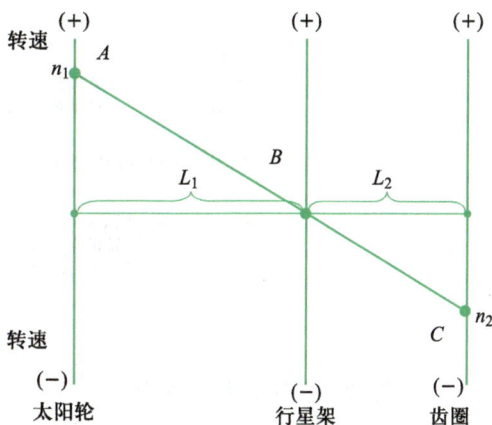

图 5-11　列线图

之比。列线图纵轴坐标表示转速大小，(+)(−)表示旋转方向。图 5-11 中太阳轮的旋转方向为顺时针，速度方向为正。

以太阳轮输入、行星架固定、齿圈输出为例，分析该机构的运动特征。

太阳轮作为输入，转速已知为 n_1，在太阳轮对应纵坐标中标记为 A。行星架齿轮固定，转速为 0，在行星架对应纵坐标中标记为 B。

连接 A、B，并延长至齿圈纵坐标，此时就能得到齿圈的转速在 C 点，转速用 n_2 表示。旋转方向为(−)，代表齿圈逆时针转动。转速关系为：

$$n_1 : n_2 = L_1 : L_2 = a$$

列线图直观再现了行星齿轮的工作情况以及驾驶条件。当车辆出现故障时，将故障发生时存储的定格数据描绘在列线图上，能快速分析出发生故障时处于何种驾驶条件。

丰田普锐斯混合动力传动桥的复合齿轮装置由两组行星齿轮机构组成，分别是动力分配行星齿轮机构、电机减速行星齿轮机构。如图 5-12 所示，纵轴表示传动机构的零部件，从前到后依次为动力分配行星齿轮机构的太阳轮、行星架、齿圈；电机减速行星齿轮机构的齿圈(共用)、行星架、太阳轮。

纵轴位置表示转速大小，(+)(−)表示旋转方向。由于 MG_2 相对于 MG_1 位于齿圈的右侧，MG_2 转速为(+)时，在横坐标的下方，与 MG_1 相反。纵轴的间距表示传动比，$L_1 : L_2$ 为齿圈齿数与太阳轮齿数之比。

图 5-12 中的箭头表示扭矩方向。如图 5-12 所示，此时 MG_2 作为电机工作，输出动力驱动车辆行驶，同时，发动机输出扭矩，一部分动力驱动车辆行驶，另一部分动力带动 MG_1 工作，MG_1 作为发电机发电，向混合动力蓄电池或 MG_2 提供电能。

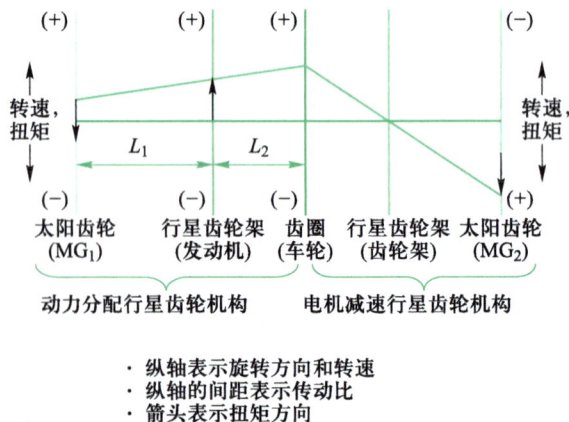

图 5-12　混合动力传动桥复合齿轮装置列线图

2. 典型工况工作模式分析

汽车在实际行驶过程中，有各种工况以适应不同的驾驶条件，混合动力汽车的运行工况比燃油汽车更多。下面以车辆停止时起动发动机、MG$_1$ 作为发电机发电等典型工况,介绍混合动力传动桥的工作模式。

（1）车辆停止时起动发动机

车辆静止,当混合动力蓄电池 SOC 较低需要起动发动机对其充电时,踩住制动踏板,按下点火开关。如图 5-13 所示,混合动力蓄电池提供电能给 MG$_1$,MG$_1$ 工作带动行星齿轮机构中的太阳轮转动。由于车辆静止时齿圈固定,因此太阳轮带动行星轮转动,使行星架带动与之相连的发动机曲轴转动,起动发动机。混合动力蓄电池供电给 MG$_1$,MG$_1$ 通过动力分配行星齿轮机构的太阳轮带动发动机(行星架)转动,车轮(齿圈)不动。同时,电流输入 MG$_2$ 防止齿圈转动,让起动过程更加平稳。

在列线图上,MG$_1$(太阳轮)作为主动件输出扭矩,旋转方向为(+),用绿色箭头表示扭矩方向。

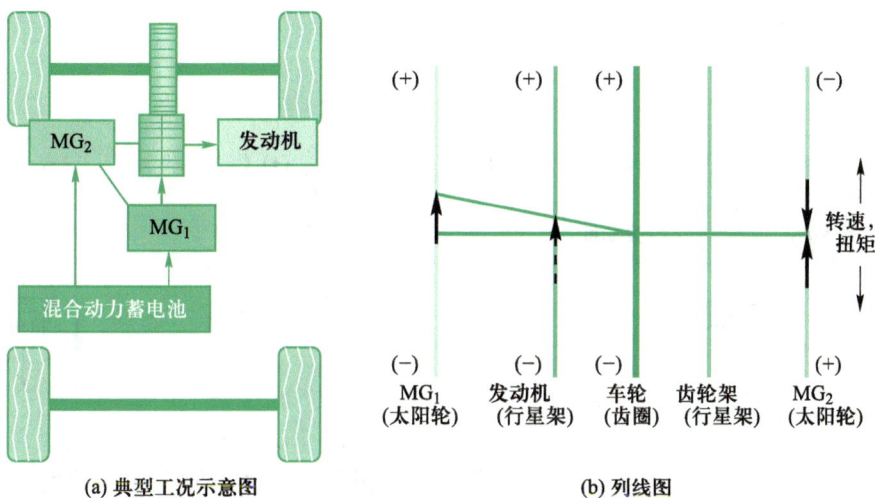

(a) 典型工况示意图　　　　　(b) 列线图

图 5-13　车辆停止时起动发动机

（2）车辆停止,MG$_1$ 作为发电机发电

当发动机起动后,MG$_1$ 不再作为起动机使用,混合动力蓄电池不再向 MG$_1$ 供电。如图 5-14 所示,此时,发动机工作,作为主动件,通过动力分配行星齿轮机构行星架输入动力,带动 MG$_1$(太阳轮)转动,MG$_1$ 作为发电机输出电能,为混合动力蓄电池充电。由于 MG$_1$ 作为发电机发电,旋转方向为(-),用黑色箭头表示扭矩。

（3）车辆起步

当换挡杆处于 D 挡,轻踩加速踏板,车辆起步时,混合动力蓄电池向 MG$_2$ 输送电能,如图 5-15 所示。MG$_2$ 通过电机减速行星齿轮机构太阳轮输入动力,行星架固定,车轮(齿圈)输出。MG$_2$ 旋转方向为(+),作为主动件输出扭矩,用绿色箭头表示。由于齿圈转动,发动机不转动,动力分配行星齿轮机构中 MG$_1$ 空转。

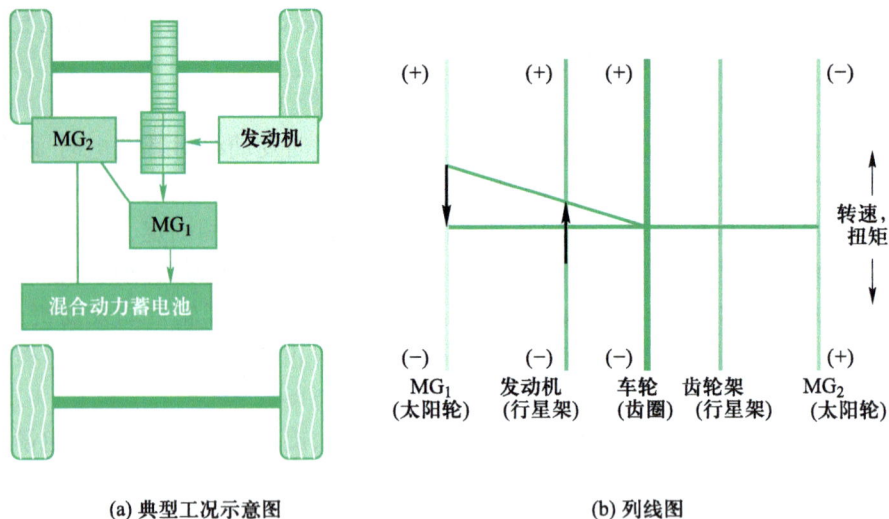

(a) 典型工况示意图　　　　(b) 列线图

图 5-14　车辆停止, MG_1 作为发电机发电

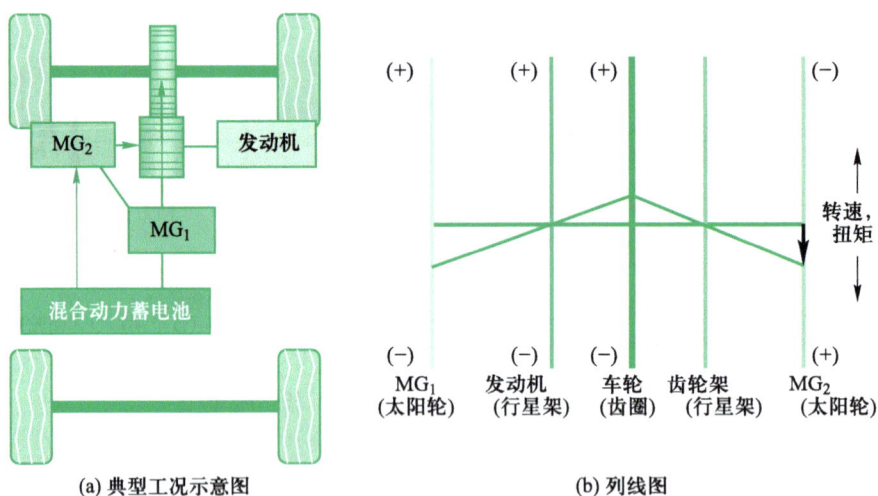

(a) 典型工况示意图　　　　(b) 列线图

图 5-15　车辆起步

（4）车辆起步后加速

车辆起步后加速,车辆主要由 MG_2 提供动力,电机减速行星齿轮机构运动情况及列线图画法与车辆起步相似,如图 5-16 所示。如果所需的驱动扭矩增加,则激活 MG_1 以起动发动机。混合动力蓄电池向 MG_1 供电, MG_1 连接动力分配行星齿轮机构太阳轮,带动发动机(行星架)工作,起动发动机。 MG_1 向外输出扭矩,旋转方向为 (+),用绿色箭头表示。

（5）车辆定速巡航

车辆在定速巡航且低负载行驶时,仅需要发动机驱动车轮转动。由于 MG_1 比车轮更容易转动,所以发动机的转速只能使 MG_1 转速同步提高而不会将动力传输至

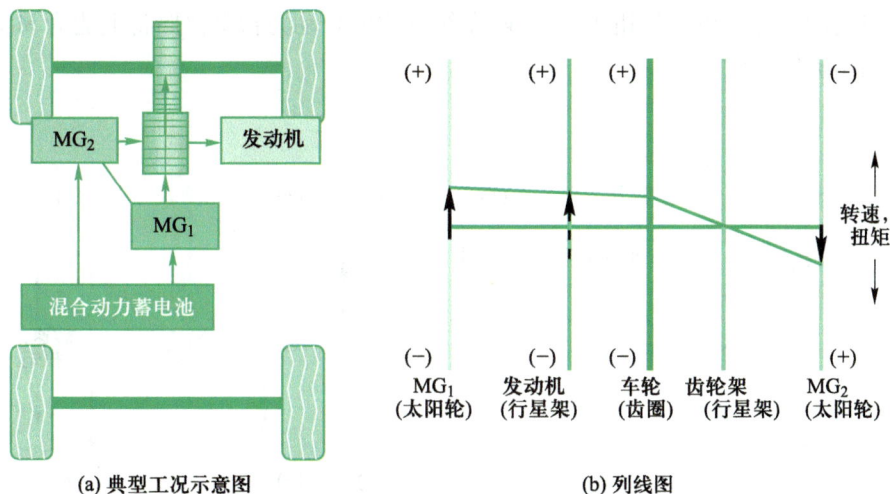

(a) 典型工况示意图　　　　　　　　　(b) 列线图

图 5-16　车辆起步后加速

车轮。因此，HV ECU 通过对 MG_1 施加反向力矩（发电）使发动机的动力能传输至车轮。MG_1 产生的电能也可通过逆变器用来运转 MG_2，使其与发动机共同驱动车辆，如图 5-17 所示。

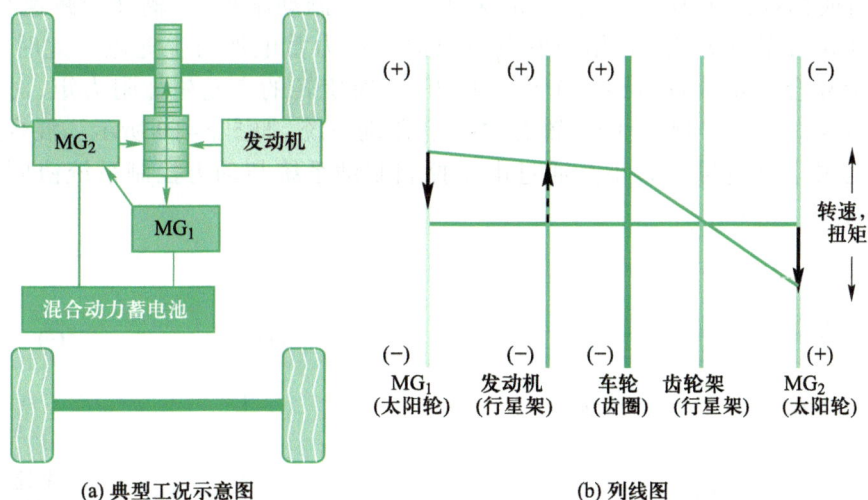

(a) 典型工况示意图　　　　　　　　　(b) 列线图

图 5-17　车辆定速巡航

（6）节气门全开加速

当节气门处于全开状况时，通过两种途径使系统输出动力最大。一方面，增大发动机转速和负荷以提高发动机输出动力。同时，控制混合动力蓄电池提供的电能和 MG_1 产生的电能来共同提高 MG_2 的驱动力，如图 5-18 所示。节气门全开加速齿轮工作情况及列线图画法与车辆定速巡航类似，此时，由于车辆全负荷行驶，需要

MG$_2$ 与发动机提供更大的扭矩及转速,系统利用混合动力蓄电池储备电能为 MG$_2$ 大功率输出提供电能。

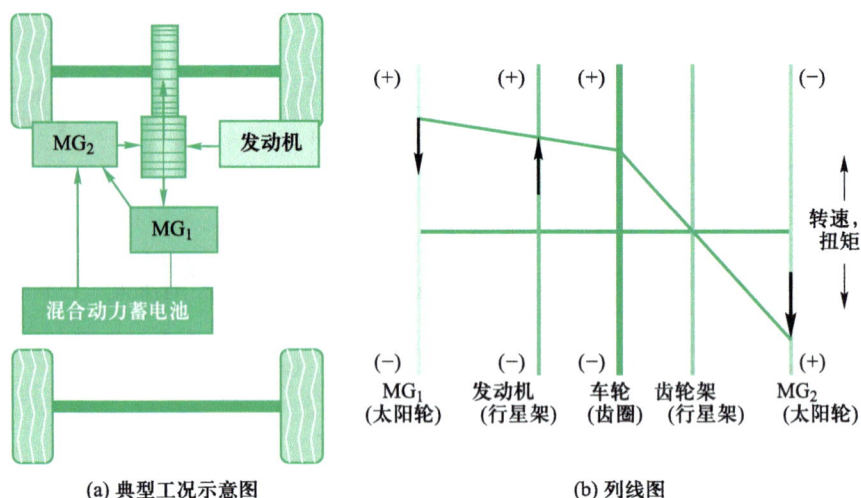

(a) 典型工况示意图　　　　　　　　(b) 列线图

图 5-18　节气门全开加速

(7) 减速(选择 D 挡时)

当换挡杆位于 D 挡位,松开加速踏板,踩下制动踏板,车辆处于减速状态。MG$_2$ 由驱动轮带动转动,作为发电机对混合动力蓄电池再生充电。此时,MG$_2$ 转子给复合齿轮装置齿圈一个反向扭矩,即对旋转的车轮施加阻力矩,对车辆产生减速作用,参与减速的装置有 MG$_2$ 和制动系统,如图 5-19 所示。混合动力蓄电池再生充电量的大小是通过电子控制制动系统与动力控制系统协同控制确定的。

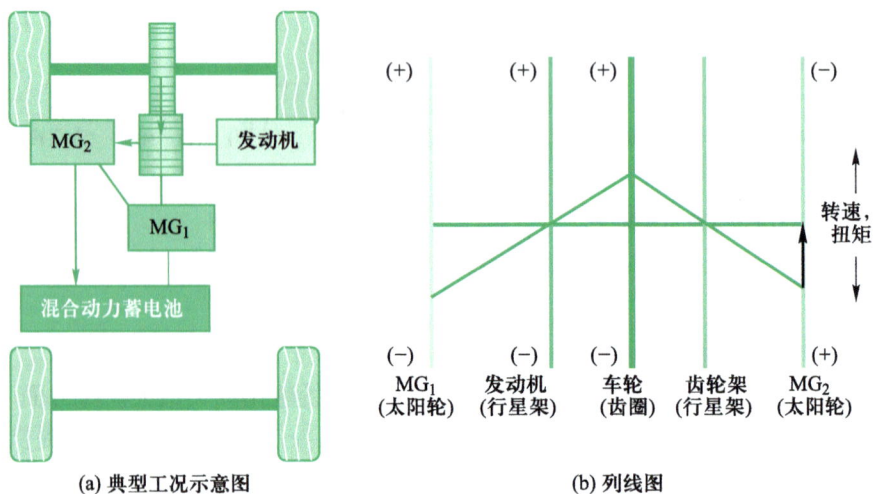

(a) 典型工况示意图　　　　　　　　(b) 列线图

图 5-19　减速(选择 D 挡时)

（8）减速（选择 B 挡时）

当换挡杆位于 B 挡，松开加速踏板，踩下制动踏板，车辆处于迅速减速状态。混合动力系统将 MG_2 产生的部分电能提供给 MG_1，通过 MG_1 使发动机在不喷油状况下怠速转动，利用发动机转动阻力向车轮施加发动机制动。此时参与减速的装置有发动机、MG_2 和制动系统，如图 5-20 所示。

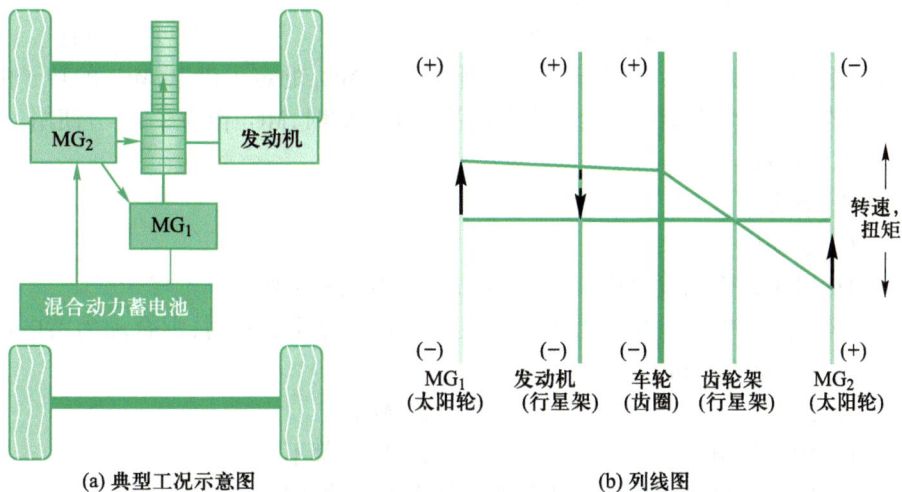

(a) 典型工况示意图　　　　　　　　(b) 列线图

图 5-20　减速（选择 B 挡时）

（9）车辆倒车

当车辆需要倒车时，将混合动力蓄电池的电能提供给 MG_2，使其按与车辆向前行驶时相反的方向转动，从而实现倒车。此时，发动机处于停止状态，MG_1 旋转但不发电，如图 5-21 所示。

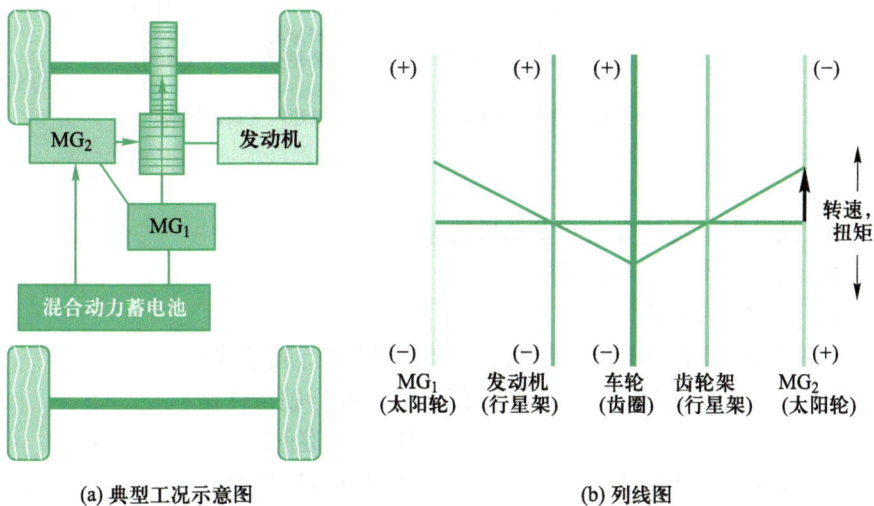

(a) 典型工况示意图　　　　　　　　(b) 列线图

图 5-21　车辆倒车

知识测试

单项选择题

1. 在汽车的各工况中,进行制动效能回收的工况是(   )。

    A. 起步   B. 匀速行驶   C. 加速   D. 制动减速

2. 当发动机起动后,混合动力蓄电池不再向 MG_1 的定子供电,MG_1 的转子由发动机带动转动,产生电能给混合动力蓄电池充电。此时,MG_1 作为(   )使用。

    A. 发电机

    B. 电机

    C. 起动机

    D. 既可以作为发电机工作,也可以作为电动机工作

3. 丰田普锐斯的混合动力传动桥在车辆处于停止状态时,混合动力蓄电池给(   )供电起动发动机。

    A. MG_1 B. MG_2

    C. MG_1 和 MG_2 D. 以上都不是

4. 关于图 5-22 所示混合动力汽车列线图的描述,错误的是(   )。

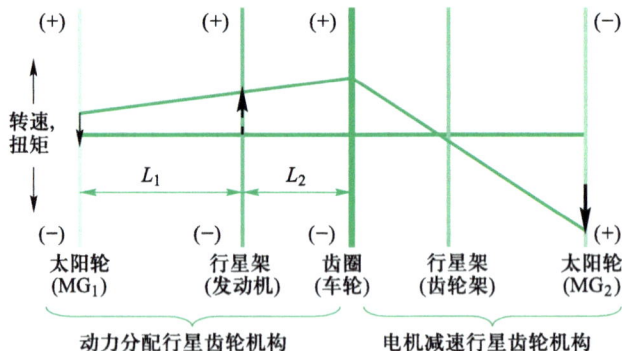

图 5-22   混合动力汽车列线图 1

    A. 纵轴表示旋转方向和发动机转速

    B. 纵轴的间距表示传动比

    C. 箭头表示车轮方向

    D. 列线图直观再现了行星齿轮的工作情况(行驶条件)

5. 图 5-23 所示为混合动力车辆列线图表示的行驶条件是(   )。

    A. 起动   B. 定速巡航

    C. 节气门全开加速   D. 减速(选择 D 挡时)

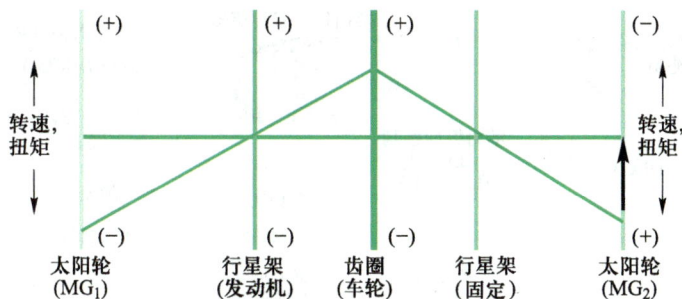

图 5-23 混合动力汽车列线图 2

6. 带发动机制动效果的挡位是（　　　）。

A. P 挡 B. N 挡 C. D 挡 D. B 挡

任务三 混合动力汽车动力输出控制

任务描述

混合动力汽车的换挡控制与传统的燃油汽车有所不同，本次任务将学习混合动力汽车动力输出系统的组成、动力输出控制策略。

学习目标

1. 能说出混合动力汽车动力输出系统的组成。
2. 能阐述混合动力汽车动力输出系统的主要特征。
3. 能分析混合动力汽车动力输出系统的动力输出控制策略。

知识学习

1. 动力输出系统的组成

混合动力汽车动力输出系统主要由发动机、混合动力传动桥、带增压转换器的逆变器总成、动力蓄电池（HV 蓄电池）、动力管理控制 ECU（HV ECU）等部件组成。图 5-24 所示为丰田普锐斯（ZVW30）动力输出系统图。该系统的主要特征如下。

① 驾驶人动力请求的信号，由加速踏板位置传感器、换挡杆位置传感器、驱动模式开关、制动灯开关传递至动力管理控制 ECU（HV ECU），其结合当前的车速计算驾驶人的请求输出功率及扭矩。

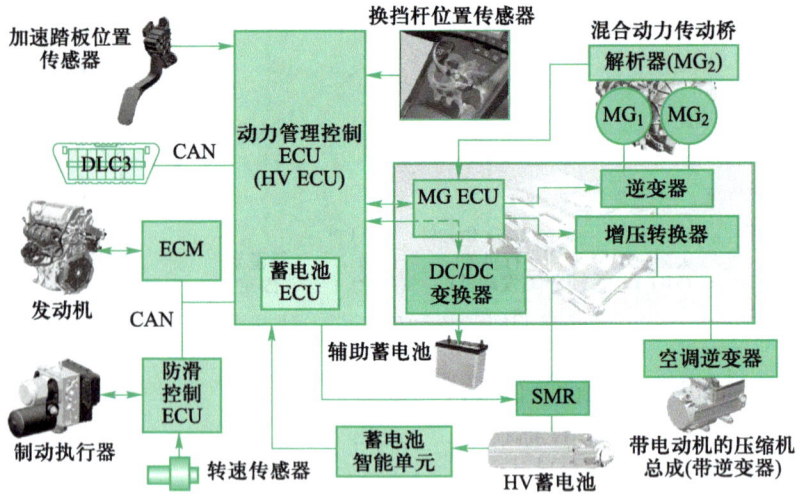

图 5-24　动力输出系统

② 电机控制 ECU（MG ECU）位于带增压转换器的逆变器总成内。MG ECU 根据 HV ECU 的指令控制 MG_1 和 MG_2。

③ 混合动力控制和蓄电池控制功能已并入 HV ECU 中。

④ 蓄电池智能单元安装在混合动力蓄电池内，以检测混合动力蓄电池的状态，将混合动力蓄电池的状态告知 HV ECU。

⑤ 空调压缩机的逆变器与空调压缩机集成为一体，维修空调压缩机要注意做好高压防护。

（1）变速器换挡总成

当换挡操作后驾驶人的手离开换挡杆手柄时，手柄会在回位弹簧的作用下回到原位。变速器换挡总成内的换挡杆位置传感器（选择传感器和挡位传感器）检测挡位（R、N、D 和 B），如图 5-25 所示。

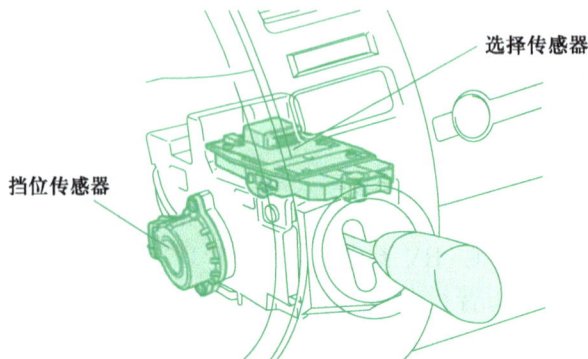

图 5-25　变速器换挡控制系统的组成

换挡杆位置传感器包括一个用于检测换挡杆横向运动的选择传感器和一个用于检测换挡杆纵向运动的挡位传感器，这两个传感器信号的组合可以检测挡位。选择传感器和挡位传感器的元器件部分都包括一个霍尔集成电路和一个磁铁滑块,如图 5-26 所示。

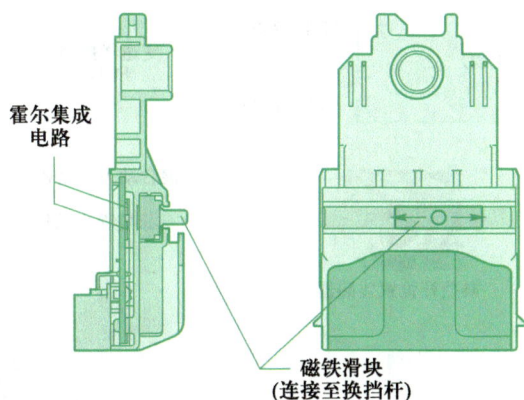

图 5-26　选择 / 挡位传感器

挡位传感器和选择传感器的输出特性,如图 5-27、图 5-28 所示。

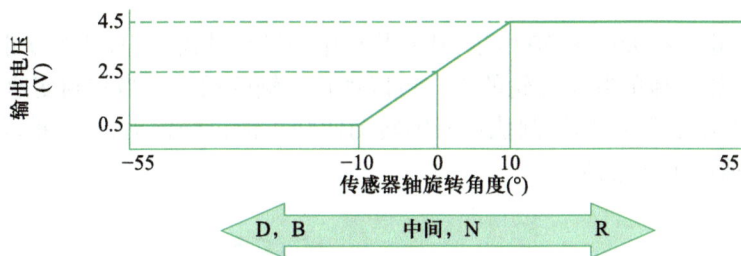

图 5-27　换挡传感器输出特性曲线

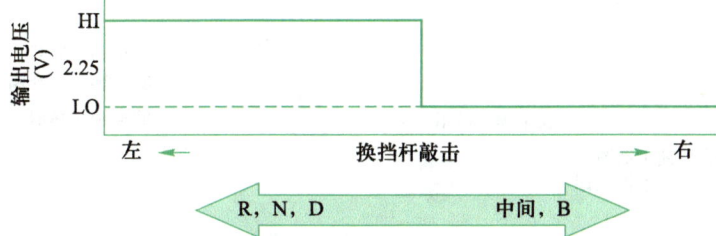

图 5-28　选择传感器输出特性曲线

（2）驻车锁止机构

丰田普锐斯混合动力汽车根据 HV ECU 的驻车锁止或解锁请求信号驱动驻车锁止执行器,以接合或分离驻车锁止机构。如图 5-29 所示,当驾驶人按下 P 位置开关(变速器换挡主开关)时,HV ECU 会将锁止或解锁请求传给变速器控制 ECU,当驱动锁止执行器接收到来自变速器控制 ECU 的执行信号,电动机旋转来接合或分离驻车锁止机构,从而实现驻车时的机械锁止或解锁。

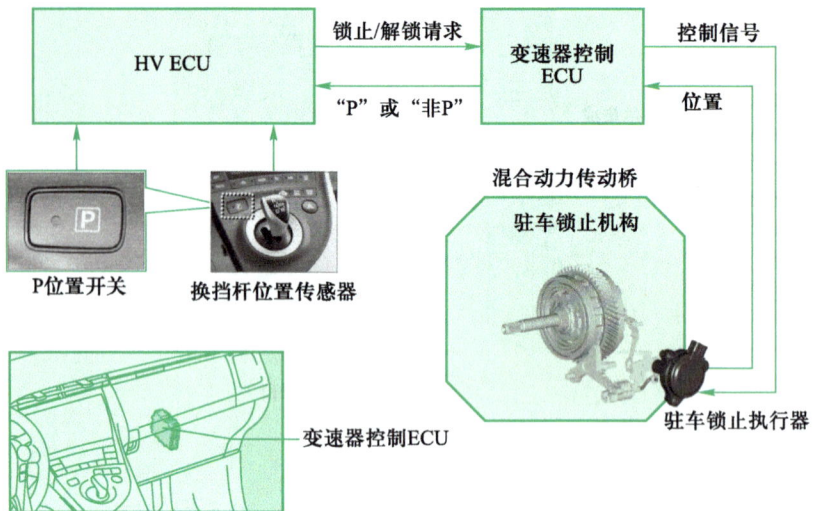

图 5-29 驻车锁止执行器控制系统

驻车锁止机构如图 5-30 所示,其安装在中间轴从动齿轮中,驻车锁止棘爪和中间轴从动齿轮一体的驻车齿轮的啮合可以锁止车辆的运动。当收到变速器 ECU 的锁止或解锁信号后,换挡控制执行器轴转动使驻车锁止杆移动,从而推动驻车锁止棘爪,锁止或解锁驻车锁。

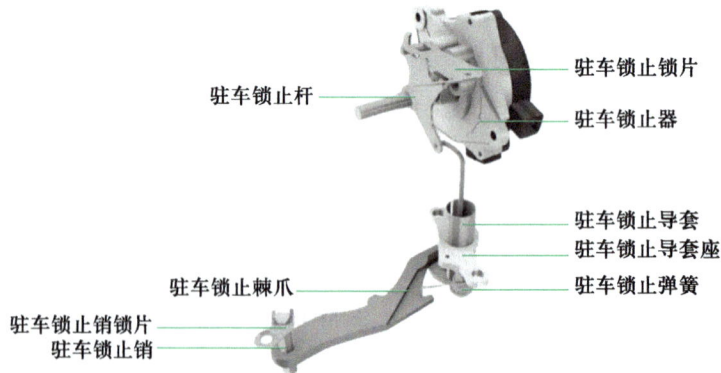

图 5-30 驻车锁止机构

2. 动力输出控制策略

混合动力汽车根据动力连接方式不同,其动力输出的控制策略及动力传动方式区别很大,基本策略是在保证驾驶人动力请求的条件下,以最佳工作效率、最低能耗输出动力。丰田普锐斯混合动力系统是一种非常典型的混合动力系统,下面以该系统为例,介绍混合动力系统的动力输出控制策略。

图 5-31 所示为丰田普锐斯(ZVW30)混合动力系统动力控制的步骤。当驾驶人踩下加速踏板,发出动力请求,系统将按照以下策略运算和输出动力。

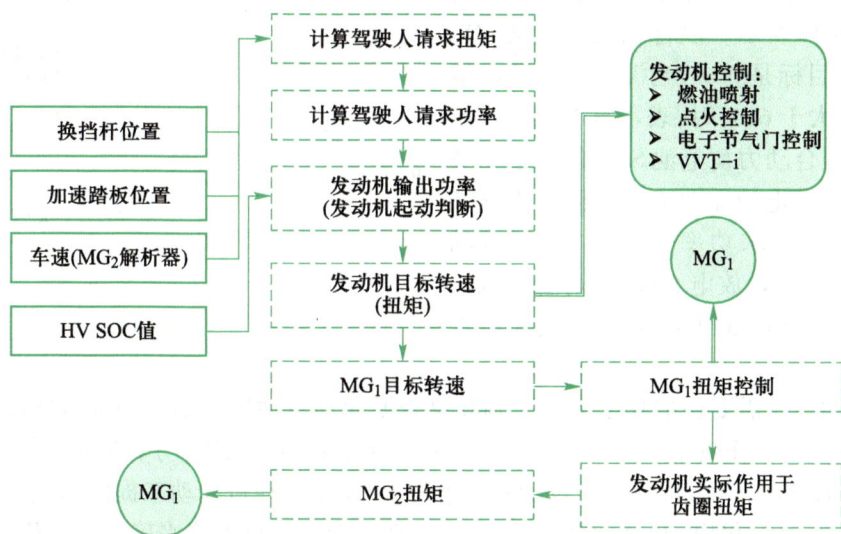

图 5-31　丰田普锐斯(ZVW30)动力控制策略

① 计算驾驶人请求扭矩。换挡杆位置传感器、加速踏板位置传感器、车速等信号发送至 HV ECU,HV ECU 根据预设的程序计算驾驶人请求扭矩,如图 5-32 所示。

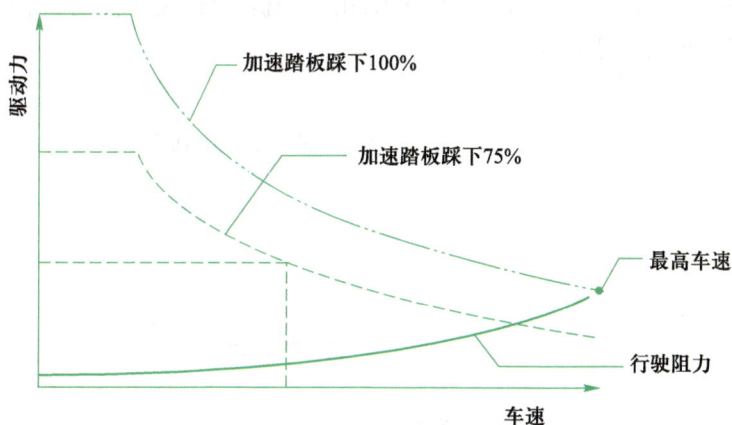

图 5-32　车速与驱动力关系曲线

② 计算驾驶人请求功率。根据驾驶人请求扭矩计算驾驶人请求输入功率,公式为:

$$P = \frac{T \times n}{9\ 550}$$

这时需要加上驱动系统的系统损耗,即驾驶人请求功率等于计算功率 P 加上系统损耗。T 表示电机的输出转矩，n 表示电机的转速。

③ 计算发动机输出功率。驾驶人请求功率由发动机输出功率和混合动力蓄电池提供电能来满足，此时，根据当前混合动力蓄电池的电量水平来决定充放电需求，如图 5-33 所示。混合动力蓄电池 SOC 值控制目标是 60%，当混合动力蓄电池 SOC 值大于 60% 时，表示蓄电池需要放电，当混合动力蓄电池 SOC 值小于 60% 时，表示蓄电池需要充电。假如步骤②中驾驶人请求功率为 100 kW，混合动力蓄电池需要放电 30 kW，则发动机输出功率为 70 kW 可以满足驾驶人请求功率。

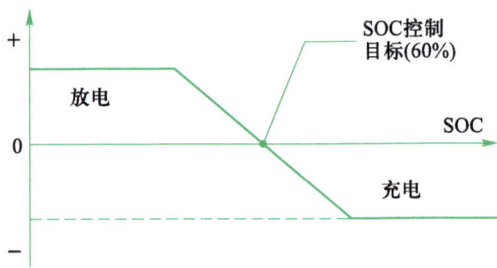

图 5-33   混合动力蓄电池充放电需求

此时，还需要根据功率需求来判断是否要起动发动机。如果功率需求过低，此时发动机的工作效率不高，会影响经济性，因此不起动发动机，功率全部由蓄电池供电给 MG_2 后由 MG_2 提供。假设功率需求较大，需要发动机起动来提供，则混合动力蓄电池给 MG_1 供电，起动发动机后，按照发动机功率计算方式来确定发动机需要提供的功率。

④ 计算发动机目标转速及扭矩。发动机起动后，要保证发动机在最经济工况下实现动力输出。如图 5-34 所示，根据发动机的功率及经济工况下的动力输出曲线确定发动机的目标转速。同样依据功率、扭矩与转速的关系，计算出发动机的目标扭矩，将目标扭矩发送给发动机管理 ECM，由发动机管理 ECM 控制燃油喷射、点火、进气系统以实现目标扭矩控制。

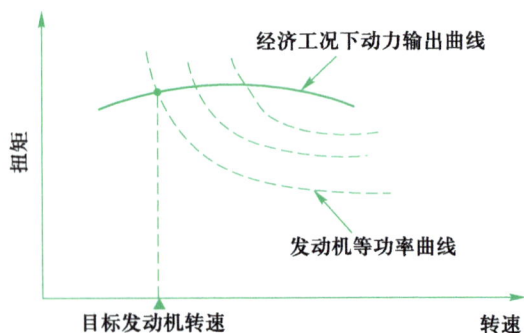

图 5-34   发动机经济工况下动力输出曲线及等功率曲线

⑤ 计算 MG_1 目标转速。根据齿圈当前转速（MG_2 解析器信号）和发动机目标转速，由行星齿轮机构转速关系计算出 MG_1 目标转速，发送给 MG ECU，对 MG_1 电机进行转速控制，保证 MG_1 转速、发动机目标转速、齿圈转速关系，如图 5-35 所示。

⑥ 控制 MG_1 扭矩以达到目标 MG_1 转速。MG ECU 通过调节 MG_1 的发电电流以调节 MG_1 的扭矩，使 MG_1 达到目标 MG_1 转速。

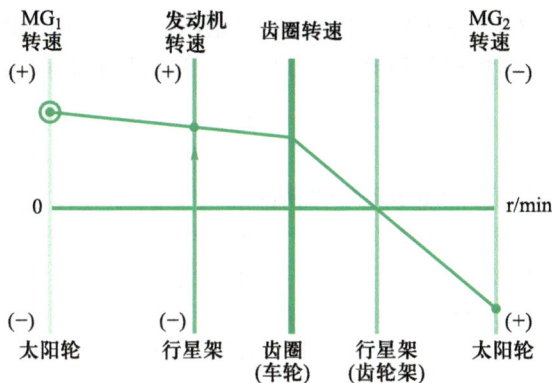

图 5-35　MG₁ 目标转速计算列线图

⑦ 确定发动机实际作用于齿圈扭矩。在 MG₁ 电机进行转速控制时,可以得到自身实时输出的发电负扭矩,根据行星齿轮机构扭矩关系,可以计算出发动机扭矩分配到齿圈(即车轮)的输出扭矩,发动机、齿圈、MG₁ 三者的扭矩 $T_{行星架}$、$T_{齿圈}$、$T_{太阳轮}$ 与 $Z_{太阳轮}$、$Z_{齿圈}$ 关系为:

$$T_{行星架} : T_{太阳轮} : T_{齿圈} = (Z_{太阳轮} + Z_{齿圈}) : (-Z_{太阳轮}) : (-Z_{齿圈})$$

⑧ 确定 MG₂ 扭矩。MG₂ 扭矩指令由驾驶人请求扭矩与发动机分配到齿圈的实际扭矩计算得到,保证最终输出扭矩满足驾驶人请求。

通过以上控制逻辑,丰田普锐斯(ZVW30)混合动力系统动力控制特征如下。

① 能量管理:发动机是否起动的判断以及发动机目标转速的确定都是以保证发动机高效输出功率为目的。需要说明的是,考虑到电机、发电机的充放电效率,发动机的最优工作曲线并不是系统的最优工作曲线,还需要通过试验及计算得到系统的最优工作曲线。

② 扭矩控制。发动机负责主要功率输出,用于维持 SOC 平衡以及响应总的功率请求;发电机(MG₁)主要用于调速,它的目的是把发动机的转速控制在目标工作点;电动机(MG₂)主要负责扭矩的补充,以满足驾驶人的扭矩请求。

知识测试

一、单项选择题

有关动力输出控制策略,步骤正确的是(　　)。

    A. 计算驾驶人请求扭矩→计算发动机输出功率→计算发动机目标转速及扭矩→计算驾驶人请求功率→确定 MG₂ 扭矩→计算 MG₁ 目标转速

    B. 计算驾驶人请求扭矩→计算驾驶人请求功率→计算发动机输出功率→计算发动机目标转速及扭矩→计算 MG₁ 目标转速→确定 MG₂ 扭矩

    C. 计算驾驶人请求扭矩→计算驾驶人请求功率→计算 MG₂ 扭矩→计算发动机输出功率→计算发动机目标转速及扭矩→计算 MG₁ 目标转速

D. 计算驾驶人请求扭矩→计算驾驶人请求功率→确定 MG$_2$ 扭矩→计算 MG$_1$ 目标转速→计算发动机输出功率→计算发动机目标转速及扭矩

二、多项选择题

1. 丰田普锐斯的驻车锁止执行器包括(　　　　)。
   A. 开关磁阻电机 　　　　　　　　　B. 摆线式减速机构
   C. 行星齿轮机构 　　　　　　　　　D. 永磁电机

2. 变速器换挡总成包括(　　　　)。
   A. 换挡杆手柄 　　　　　　　　　　B. 选择传感器
   C. 换挡传感器 　　　　　　　　　　D. 驻车制动按钮

3. 驾驶人动力请求信号包括(　　　　)。
   A. 加速踏板位置传感器信号
   B. 换挡杆位置传感器信号
   C. 驱动模式开关信号
   D. 制动灯开关信号

4. 关于发动机起动的条件,下列说法正确的是(　　　　)。
   A. 混合动力蓄电池 SOC 值低于 60%,且有驾驶人请求功率
   B. 混合动力蓄电池 SOC 值高于 60%,且有驾驶人请求功率
   C. 功率需求较低时,功率全部由蓄电池供电给 MG$_2$ 后由 MG$_2$ 提供
   D. 功率需求较高时,发动机起动后工作效率较高

5. 关于混合动力汽车动力输出控制策略,说法正确的是(　　　　)。
   A. 发动机效率最优的控制策略就是系统效率最优的控制策略
   B. 丰田普锐斯(ZVW30)混合动力系统动力输出以发动机为主
   C. 发电机(MG$_1$)主要用于调速,它的目的是把发动机的转速控制在目标工作点
   D. 电动机(MG$_2$)主要负责扭矩上的补充,以满足驾驶人的扭矩请求

学习情境五工作页

任务工单：向客户介绍混合动力传动桥的工作原理

姓名		学号	
指导教师		工位	

1. 根据图 5-36 所示混合动力传动桥的结构，完成以下任务。

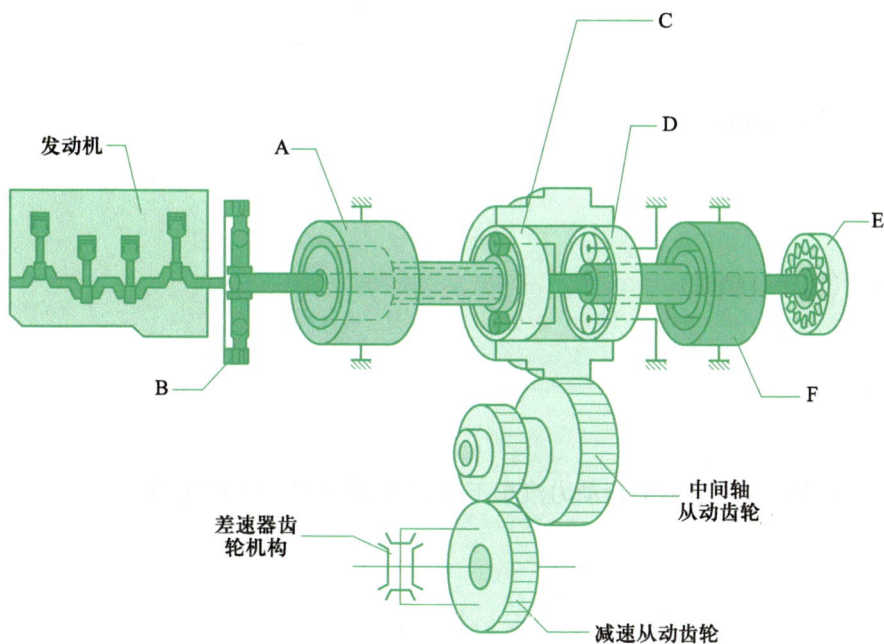

图 5-36　混合动力传动桥

（1）对应图 5-36 中代码，指出零部件的名称。

代码	名　称	代码	名　称
A		D	
B		E	
C		F	

（2）描述各工况下混合动力传动桥的动力传递路线。

① 范例：车辆停止时起动发动机，如图 5-37 所示。

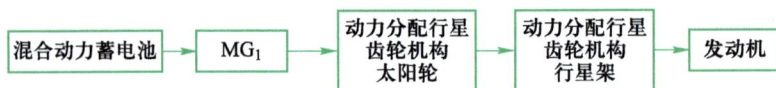

图 5-37　车辆停止时起动发动机混合动力传动桥的动力传递路线

② 车辆停止, MG₁ 作为发电机发电。

③ 定速巡航。

④ 节气门全开加速。

⑤ 减速(选择 D 挡时)。

2. 指出下列图片代表的混合动力汽车工况类型,描述其动力传递的工作过程。

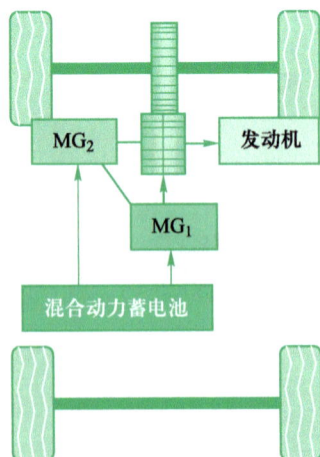

工况类型:＿＿＿＿＿＿＿＿＿＿＿＿
工作过程:＿＿＿＿＿＿＿＿＿＿＿＿
＿＿＿＿＿＿＿＿＿＿＿＿＿＿＿＿＿＿
＿＿＿＿＿＿＿＿＿＿＿＿＿＿＿＿＿＿
＿＿＿＿＿＿＿＿＿＿＿＿＿＿＿＿＿＿
＿＿＿＿＿＿＿＿＿＿＿＿＿＿＿＿＿＿
＿＿＿＿＿＿＿＿＿＿＿＿＿＿＿＿＿＿
＿＿＿＿＿＿＿＿＿＿＿＿＿＿＿＿＿＿

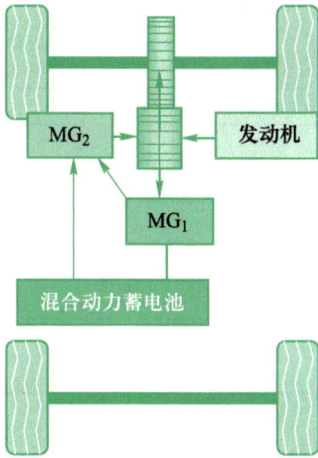

工况类型：_____

工作过程：_____

_____

_____

_____

_____

_____

_____

_____

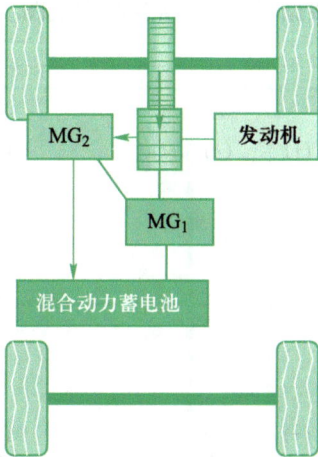

工况类型：_____

工作过程：_____

_____

_____

_____

_____

_____

_____

_____

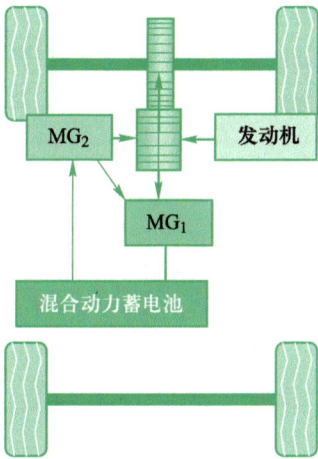

工况类型：_____

工作过程：_____

_____

_____

_____

_____

_____

_____

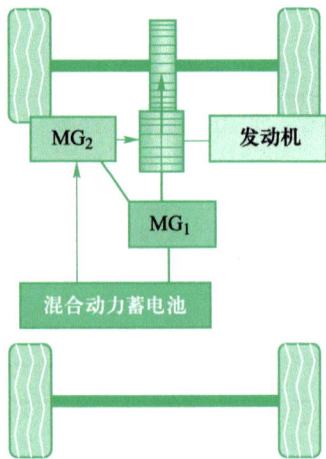

工况类型：＿＿＿＿＿＿＿＿＿＿＿＿＿＿＿

工作过程：＿＿＿＿＿＿＿＿＿＿＿＿＿＿＿

＿＿＿＿＿＿＿＿＿＿＿＿＿＿＿＿＿＿＿＿

＿＿＿＿＿＿＿＿＿＿＿＿＿＿＿＿＿＿＿＿

＿＿＿＿＿＿＿＿＿＿＿＿＿＿＿＿＿＿＿＿

＿＿＿＿＿＿＿＿＿＿＿＿＿＿＿＿＿＿＿＿

＿＿＿＿＿＿＿＿＿＿＿＿＿＿＿＿＿＿＿＿

＿＿＿＿＿＿＿＿＿＿＿＿＿＿＿＿＿＿＿＿

3. 使用诊断仪记录混合动力汽车某一稳定工况下的数据，根据数据绘制列线图。

工况描述：＿＿＿＿＿＿＿＿＿＿＿＿＿＿＿＿＿＿＿＿＿＿＿＿＿＿＿＿＿＿＿＿

检测项目	单位	数据
发动机转速	r/min	
加速踏板位置	%	
MG$_1$ 转速	r/min	
MG$_1$ 扭矩	N·m	
MG$_2$ 转速	r/min	
MG$_2$ 扭矩	N·m	
额定功率	W	
负载状态	%	
动力电压	V	
动力电流	A	

列线图：

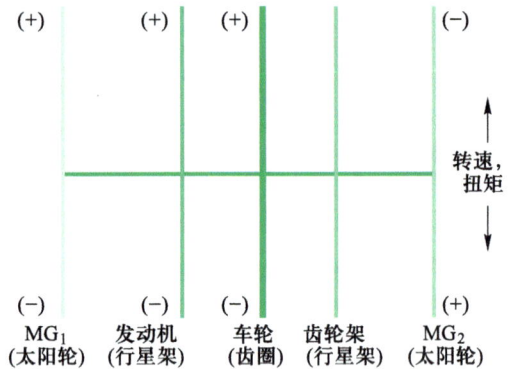

评价表：向客户介绍混合动力传动桥的工作原理

评估指标	评估内容	优秀	良好	一般	需改进
学科知识掌握	了解混合动力传动桥的特点				
	了解混合动力传动桥的类型				
	了解混合动力传动桥的组成				
	理解混合动力系统的动力输出控制策略				
	掌握列线图绘制方法				
问题解决能力	能够运用列线图分析混合动力传动桥运动规律				
	能够组织与客户沟通的话术				
	能够对车辆的混合动力传动桥进行介绍				
创新思维	提出运用不同方式话术的改进方案				
	创造性解决不同客户需求的难题				
	能有效利用新技术与新媒体				
沟通和合作能力	有效向他人介绍混合动力传动桥				
	能够有效协同合作				
	参与小组项目和团队活动主动性				
自主学习和持续进步	学习态度与动力				
	学习方法与策略				
	信息获取与分析				
	自我评价与反思				
评估说明	优秀(5分)：学生在该指标上表现出色，能够熟练掌握、灵活应用，并展现出较高水平。 良好(4分)：学生在该指标上表现良好，能够掌握和应用，但有少量细节方面需要改进。 一般(3分)：学生在该指标上表现一般，基本掌握知识和能力，但需要加强理解和应用。 需改进(2分)：学生在该指标上表现较弱，掌握不足，需加强学习和提升能力				

学习情境六 ▶▶▶

检查与维护混合动力
汽车热管理系统

▶ **情境描述**

　　客户在驾驶混合动力汽车行驶过程中，发现温度故障灯点亮，到 4S 店进行故障检测维修，发现需要排除车辆热管理系统故障。

任务 检查与维护混合动力汽车热管理系统

任务描述

混合动力汽车包含发动机驱动系统和电机驱动系统,在整车热管理上,除了考虑发动机热管理、空调热管理外,还需要对电机驱动系统中的高压蓄电池(电池包)、电机及电机控制器进行热管理控制。本任务我们将学习混合动力汽车热管理系统的结构、基本工作原理,以及混合动力汽车热管理系统检查与维护方法。

学习目标

1. 能描述混合动力汽车热管理系统的主要作用。
2. 能区分发动机热管理、空调热管理、高压蓄电池热管理、电机及电机控制器热管理系统的主要零部件及冷却液回路。
3. 检查与维护混合动力汽车热管理系统。

知识学习

1. 热管理系统概述

整车热管理是从系统的角度控制整车的传热介质流动以及整车换热过程中所涉及的子系统工作温度,包含发动机热管理、空调热管理、电驱动动力总成热管理,保证各子系统处于最佳的工作温度环境,并充分利用系统工作产生的热量,实现最小功率损耗。不同的车型由于动力总成不同,空调的设计方案以及整车热管理系统存在很大差别。

图 6-1 所示为理想汽车整车热管理系统结构简图,其整车热管理系统包含的子系统有:发动机热管理(含中冷器)、空调热管理(乘员舱制暖与制冷)、高压蓄电池热管理、电机及电机控制器热管理。

2. 发动机热管理

发动机热管理的作用是让发动机快速进入最佳的工作温度范围,提高燃油经济性、降低发动机的磨损。如果发动机温度过低,燃油燃烧效率将会下降,增加排放和燃油消耗。如果发动机温度过高,不仅会增加发动机磨损,而且可能会导致发动机过热,从而造成故障。

混合动力汽车发动机热管理的结构与传统燃油车相似,由水泵、发动机水道、散热器、冷却风扇、节温器等组成。为提高发动机的暖机性能,广泛采用电子水泵替代机械水泵。如图 6-2 所示,电子水泵与常规的机械水泵安装位置相同,发动机控制

后驱动电机　前驱动电机　水温传感器Ⅱ　后驱动电机控制器　发动机　水温传感器Ⅰ　DCDC&OBC　发动机&前驱动电机控制器　电子水泵Ⅱ　电子水泵Ⅰ

后HVAC　APTC　蒸发器　膨胀阀Ⅲ　高压蓄电池　电池电子水泵　电池换热器　膨胀水箱3　电子三通阀Ⅰ　膨胀水箱2

换热器　膨胀阀Ⅱ　膨胀阀Ⅰ　电磁阀Ⅱ　电磁阀Ⅰ　水温传感器Ⅴ　暖风　蒸发器　前HVAC　水温传感器Ⅳ　高压水暖水汽　暖风电子水泵　压力传感器

空调压缩机　膨胀水箱1　电子三通阀Ⅱ　机械水泵　发动机　节温器　压气机　节气门

高温散热器　低温散热器　中冷器　冷凝器　水温传感器Ⅲ

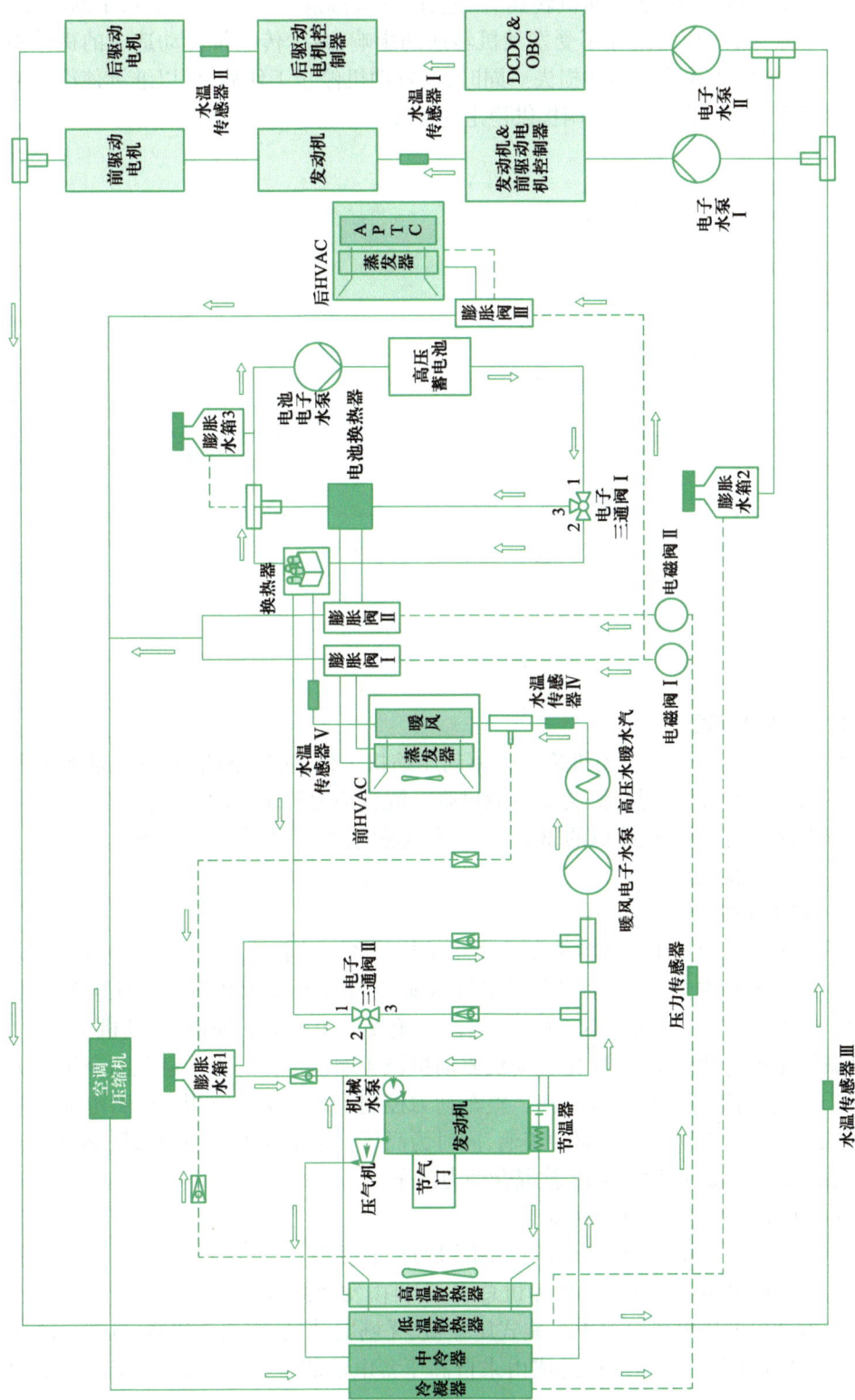

图6-1 整车热管理系统结构简图

单元(发动机 ECM)根据发动机转速、车速、冷却液温度信号控制电子水泵的转速。采用电子水泵,冷却液循环不受发动机转速的影响,减少传动带传动造成的机械损失,提高暖机性能并减少冷却损失。同时,在发动机停止工作后,可以继续使冷却液循环通过空调加热器芯,为空调提供稳定的供暖。

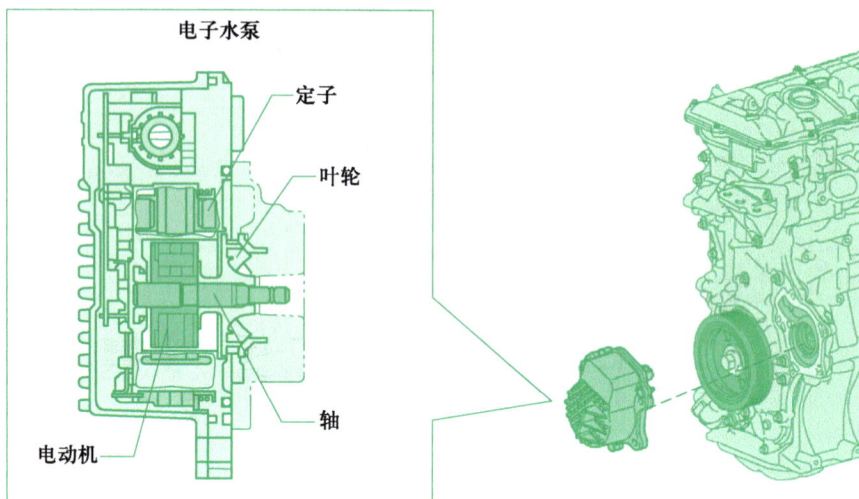

图 6-2 电子水泵

3. 空调热管理

传统汽车空调通过发动机传动带驱动压缩机工作,实现空调制冷;制热则主要依靠发动机冷却液作为热源,为乘员舱供暖。混合动力汽车发动机与传统汽车发动机运行工况不同,因此压缩机的驱动方式、乘员舱的供暖都需要新的方案。

(1) 乘员舱制冷

1) 双压缩机空调制冷系统

图 6-3 所示为双压缩机空调制冷系统结构简图。其管路、工作原理与传统汽车空调制冷系统基本一致,发动机驱动机械压缩机,电动压缩机由车辆高压电池供电驱动。纯电模式下,发动机不工作时,空调系统仅使用电动压缩机,发动机工作后,因机械压缩机传动效率更高,由发动机驱动机械压缩机工作。为了避免两个压缩机相互干扰,它们用两个单向阀隔离。整车动力控制系统能实时监测高压蓄电池的电量,电量不足时,起动发动机驱动车辆,同时为高压蓄电池充电。使用双压缩机空调制冷系统的车型如比亚迪秦 17 款混合动力汽车。

2) 电动压缩机空调制冷系统

电动压缩机空调制冷系统结构及制冷原理与传统汽车空调系统基本一致,主要区别是压缩机采用带电动机的压缩机总成,不再由发动机驱动。

带电动机的压缩机总成由涡旋式压缩机、无刷电动机、空调逆变器、机油分离器组成,如图 6-4 所示。压缩机总成由来自高压蓄电池的直流电驱动,属于系统中的高压部件。内置于压缩机总成的空调逆变器将直流电转变为三相交流电,驱动电机带动涡旋转子转动,压缩制冷剂。动力管理控制 ECU 控制空调逆变器,从而使压缩机转速达到目标转速。

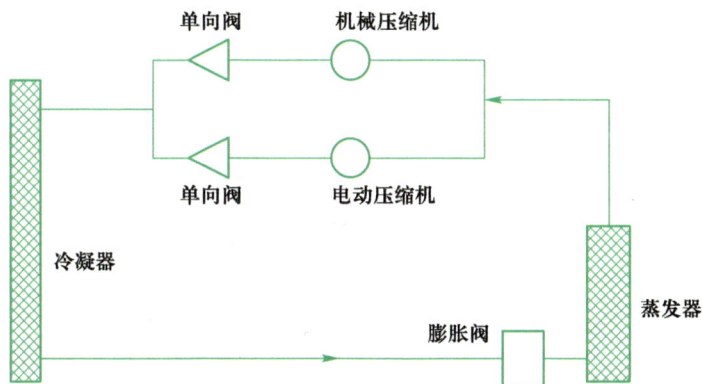

图 6-3　双压缩机空调制冷系统

因压缩机总成会接通高压蓄电池的直流电,为确保压缩机总成内部高压部分和压缩机外壳的良好绝缘,混合动力车辆采用具有高绝缘性能的压缩机机油。

（2）乘员舱供暖

乘员舱供暖通过发动机冷却液和 PTC 加热器实现,在发动机冷却液温度较低时,完全由 PTC 加热器加热冷却液,发动机工作后,冷却液温度逐渐升高,PTC 加热器逐渐降低功率,直至停止工作,乘员舱供暖如图 6-5 所示。

理想汽车前排乘员供暖及后排乘员供暖采用两套系统,前排乘员及驾驶人供暖原理与图 6-5 类似,PTC 加热器加热来自发动机的冷却液。后排乘员供暖通过 PTC 加热器加热鼓风机吹出的空气实现。

4. 高压蓄电池热管理

温度对高压蓄电池充放电性能有很大影响,环境温度过低可能导致电池容量急剧下降,车辆续驶里程缩短。电池在充放电过程中,温度升高,产生热量,内部会发生化学反应,如果没有良好的散热设施,会加速电池老化,严重时还会导致事故发生。混合动力汽车按照混合度、动力连接方式有多种类型,所搭载的高压蓄电池电池容量也有很大区别,现以两种常见的高压蓄电池热管理方式为例,介绍高压蓄电池热管理方案。

（1）风冷方式

风冷方式是在高压蓄电池内部布置通风管道,利用鼓风机将外部空气引入高压蓄电池内部进行散热冷却的方式。图 6-6 所示为丰田混合动力汽车镍氢高压蓄电池的冷却系统。

鼓风机抽吸的后排乘员舱空气,经过进气管、鼓风机、电池模组空隙、排风管后,由行李舱通风口排出。动力管理控制 ECU 收集高压蓄电池内部的温度传感器信号

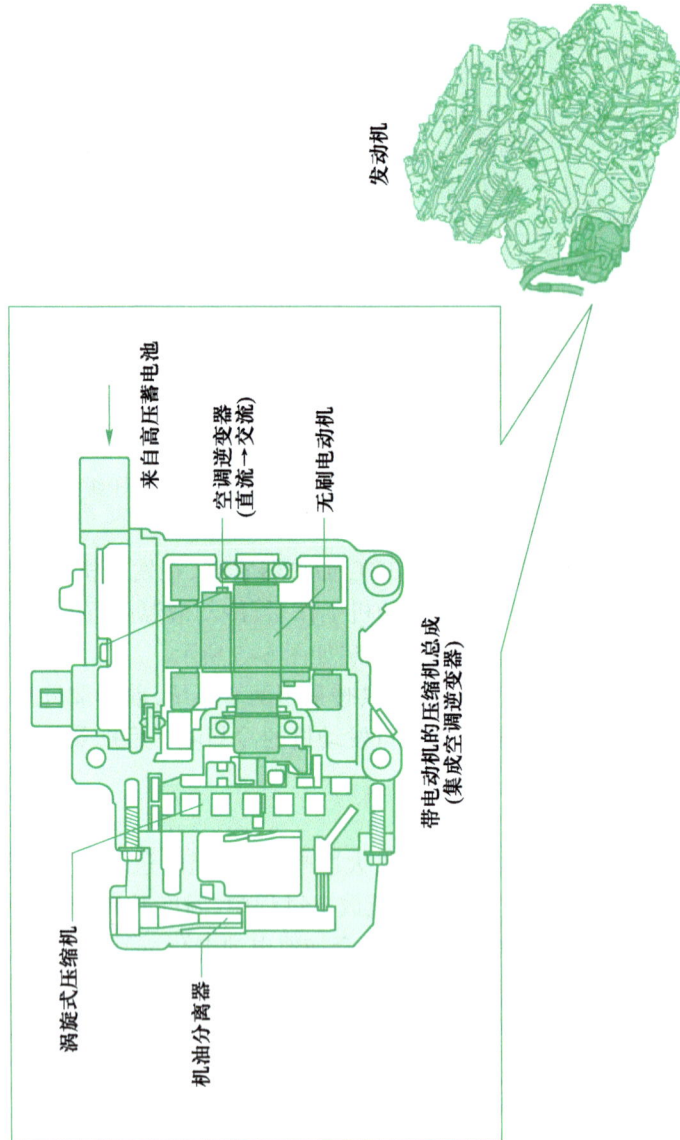

图 6-4　带电动机的压缩机总成

发动机

来自高压蓄电池

空调逆变器
（直流→交流）

无刷电动机

带电动机的压缩机总成
（集成空调逆变器）

涡旋式压缩机

机油分离器

（由高压蓄电池 ECU 发送至动力管理控制 ECU），控制鼓风机的转速。该镍氢高压蓄电池冷却系统结构简单，适用于电池容量较小，且不需要高压蓄电池加热功能的混合动力车型。

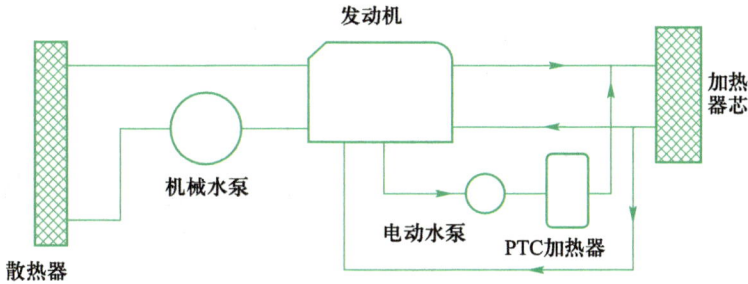

图 6-5　乘员舱供暖

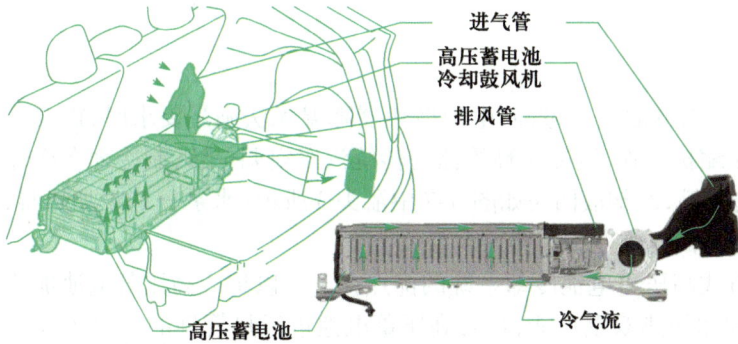

图 6-6　丰田卡罗拉镍氢高压蓄电池冷却系统

（2）液冷方式

液冷方式高压蓄电池冷却系统如图 6-7 所示，由电池散热器、储液罐、水泵、PTC 加热器、高压蓄电池液冷管路、冷却器、四通阀等主要部件组成，该冷却系统连接到传统空调制冷管路中，由电子膨胀阀控制，制冷剂经电子膨胀阀流经冷却器，对管路中的液体冷却。该冷却系统能有效控制高压蓄电池单体电池在适宜的温度范围内工作，有以下四种工作模式。

模式一：当电池温度在正常的范围时，PTC 加热器及冷却器均不工作，水泵使冷却液在高压蓄电池内部循环，保持各单体电池的温度一致。冷却液回路如图 6-7 中箭头 1 所示：水泵→PTC 加热器（不工作）→高压蓄电池→四通阀→水泵。

模式二：当电池温度较低时，PTC 加热器工作，对流经 PTC 加热器的冷却液加热，冷却液回路与模式一相同。

模式三：当电池温度较高需要适当降温时，PTC 加热器及冷却器不工作，使用冷却液通过电池散热器将高压蓄电池热量传递到空气中，冷却液回路如图 6-7 中箭头 2 所示：水泵→PTC 加热器（不工作）→高压蓄电池→四通阀→电池散热器→储液罐→水泵。

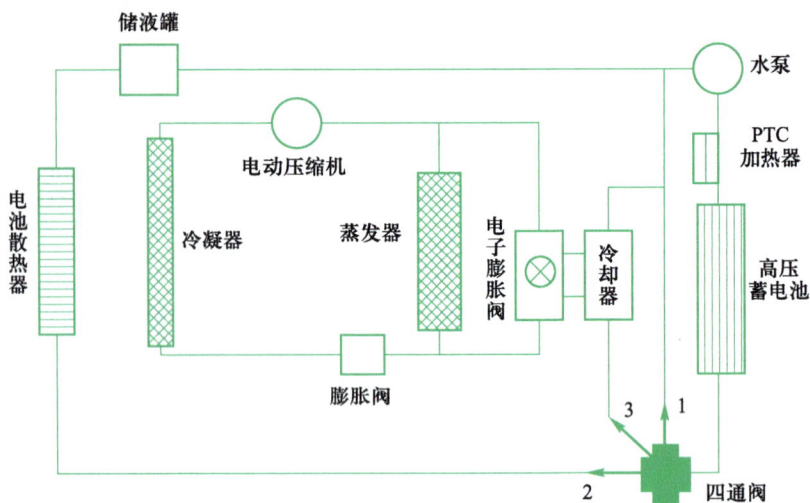

图 6-7　液冷方式高压蓄电池冷却系统

模式四：当电池温度过高，电池散热器降温无法满足要求时，需要冷却器工作。此时电动压缩机工作，制冷循环管路与传统汽车空调一致，制冷剂在冷却器中吸热，冷却流经冷却液，冷却液回路如图 6-7 中箭头 3 所示：水泵→PTC 加热器（不工作）→高压蓄电池→四通阀→冷却器→水泵。

液冷方式高压蓄电池冷却系统的优点在于可以集成高压蓄电池加热组件，兼具对电池冷却和加热双重功能，且对高压蓄电池进行热管理的效果较好，目前国内外大多数电动汽车几乎都采用液冷方式。但是，为了防止液态制冷剂的泄漏并保证高压蓄电池内单体电池之间的均匀性，液冷式冷却系统在结构设计上的要求比较复杂和严苛，而复杂的结构也使得整套系统变得十分笨重，不仅增加整车的质量，也使得整车的负担大大增加。此外，由于其结构的复杂性及高密封性使得液冷方式高压蓄电池冷却系统的维护和保养相对困难，维护成本也相应增加。

5. 电机及电机控制器热管理

在电机工作过程中，电机及电机控制器会产生大量的热量，电机过热会导致功率下降，电机控制器过热会导致电子元件损坏、燃烧等，热管理系统通过冷却使零件的温度保持在 65℃ 以下。因发动机、高压蓄电池、电机等各系统的最佳工作温度不同，电机及电机控制器热管理需采用独立的冷却系统。

图 6-8 所示为电机及电机控制器冷却系统，其主要由储液罐、散热器、电子水泵、冷却管路等组成，电子水泵使冷却液流过电机控制器、混合动力传送桥（电机）内部的水道，升温后的冷却液经散热器降温。车辆处于 READY ON 状态时，电子水泵始终运转，动力管理控制 ECU 根据温度不同，控制水泵以三个不同的转速级别运转。

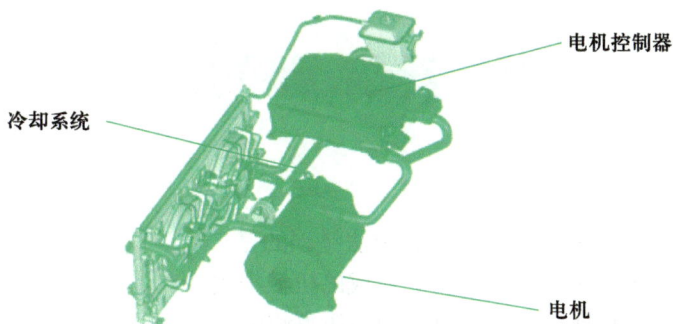

图 6-8　电机及电机控制器冷却系统

6. 冷却液加注

发动机、高压蓄电池、电机及电机控制器都采用相对独立的冷却系统,所使用的冷却液基本一致。冷却液具有防冻、防锈、冷却等功能,随汽车使用时间和行驶里程的增加,长时间不更换则会变质,防冻、防锈功能降低,推荐每 2 年或 40 000 km 更换冷却液。

混合动力汽车冷却液的排放和加注方法与传统燃油汽车基本相同,区别在于加注过程中排气的操作方法不一样。以丰田普锐斯混合动力汽车为例,冷却液的加注方法如下。

(1) 发动机冷却液加注的步骤

① 加注冷却液至储液罐的 "B" 刻度线。

② 用手挤压散热器进水软管和出水软管数次,然后检查冷却液液位。如果冷却液液位过低,则加注冷却液。

③ 将发动机置于检查模式。

④ 安装储液罐盖,在检查模式下起动发动机并使发动机充分暖机。

⑤ 用手按压散热器进水软管和出水软管数次以放气。

⑥ 发动机冷却后,检查并确认冷却液液位在 "FULL"(满)刻度线和 "LOW" (低)刻度线之间。

(2) 电机及电机控制器(逆变器总成)冷却液加注的步骤

① 缓慢地向储液罐倒入冷却液,直至达到 "FULL" 刻度线为止。注意: 添加冷却液前,务必将电源开关置于 OFF 位置。不要重复使用排放的冷却液,因为可能含有异物。

② 操作电子水泵,使管道中的空气进入储液罐。方法包括进行 "Activate the Water Pump" 主动测试或将电源开关置于 ON(READY)位置。

③ 由于放气导致冷却液液位下降,添加冷却液至 "FULL" 刻度线。

知识测试

一、单项选择题

1. 关于冷却系统中的电子水泵,说法错误的是(　　　)。
   A. 电子水泵减少传动带传动造成的机械损失
   B. 电子水泵使用高压蓄电池的高压直流电
   C. 在发动机停止工作后可以继续使冷却液循环
   D. 不受发动机转速的影响

2. 关于混合动力汽车电动压缩机总成,说法错误的是(　　　)。
   A. 保证发动机不工作时依然有制冷效果
   B. 使用高压蓄电池的高压直流电
   C. 总成内部有逆变器将直流电转变为三相交流电
   D. 使用与机械压缩机相同的机油润滑

3. 下列各系统的最佳工作温度范围,相对最高的是(　　　)。
   A. 发动机　　　　　　　　　　　B. 高压蓄电池
   C. 电机　　　　　　　　　　　　D. 电机控制器

4. 下列各系统最佳的工作温度范围,相对最低的是(　　　)。
   A. 发动机　　　　　　　　　　　B. 高压蓄电池
   C. 电机　　　　　　　　　　　　D. 电机控制器

二、多项选择题

1. 整车热管理系统,包括(　　　　　)。
   A. 发动机热管理　　　　　　　　B. 乘员舱供暖与制冷
   C. 高压蓄电池热管理　　　　　　D. 电机及电机控制器热管理

2. 有关液冷方式高压蓄电池冷却系统,说法正确的是(　　　　　)。
   A. 电池温度过低时,PTC加热器能提升电池的环境温度
   B. 电池温度过低时,使用发动机冷却系统的冷却液提升温度
   C. 冷却液通过电池散热器
   D. 电池冷却与空调系统无关

3. 关于乘员舱供暖系统,说法正确的是(　　　　　)。
   A. 可使用发动机冷却液的热量为乘员舱供暖
   B. 发动机冷却液温度较低时,由PTC加热器辅助加热
   C. 可使用PTC加热器直接加热鼓风机吹入驾驶舱的空气
   D. 利用发动机冷却液的热量是较为节能的方案

4. 关于冷却液的更换,下列说法正确的是(   )。

    A. 排放冷却液前,执行高压下电流程

    B. 加注冷却液到储液罐上的 "FULL" 刻度线即可,系统会自动排出空气

    C. 长时间不更换冷却液,冷却液的冰点会下降

    D. 加注后,需要排空气并再次检查冷却液液位

学习情境六工作页

任务工单：检查与维护混合动力汽车热管理系统

姓名		学号	
指导教师		工位	

1. 识别整车热管理系统的主要零部件及安装位置，按照冷却液循环路线，依次写出主要的零部件。

（1）发动机热管理系统的主要零部件及安装位置

（2）空调制冷系统的零部件及安装位置

（3）空调供暖系统的零部件及安装位置

（4）高压蓄电池热管理系统的零部件及安装位置

（5）电机及电机控制器热管理系统的零部件及安装位置

2. 检查冷却液。

（1）检查冷却液液位。

① 发动机冷却液液位：□正常；□过高；□过低。

② 高压蓄电池冷却液液位：□正常；□过高；□过低。

③ 电机及电机控制器冷却液液位：□正常；□过高；□过低。

(2) 检查冷却液冰点。

冰点值：_____，□正常；□不正常。

(3) 检查冷却系统泄露情况。

_____

3. 查询维修手册，获取以下信息。

① 发动机冷液，加满需冷却液量：_____L。

② 动力电池冷液，加满需冷却液量：_____L。

③ 电机及电机控制器冷液，加满需冷却液量：_____L。

4. 更换冷却液。

① 车辆冷却至环境温度。

② 执行高压断电步骤：_____

_____

③ 排放冷却液。

_____

④ 加注冷却液至_____。

⑤ 执行冷却系统排空气步骤如下：_____

_____

⑥ 检查冷却液液位。

⑦ 加注冷却液至_____

评价表：检查与维护混合动力汽车热管理系统

评估指标	评估内容	优秀	良好	一般	需改进
学科知识掌握	了解整车热管理系统的主要作用				
	了解空调热管理系统结构与组成				
	了解高压蓄电池热管理系统结构与组成				
	了解电机及电机控制器热管理系统结构与组成				
	掌握故障排除 5 步法				
	掌握运用维修手册的方法				
问题解决能力	能够检查与保养整车热管理系统				
	能够排除整车热管理系统故障				
创新思维	依据测量结果,对故障排除 5 步法进行灵活运用				
	在维修过程中提出关于保证安全、质量、满意度的创造性方案				
沟通和合作能力	有效向他人解释技术				
	能够有效协同合作				
	参与小组项目和团队活动主动性				
自主学习和持续进步	学习态度与动力				
	学习方法与策略				
	信息获取与分析				
	自我评价与反思				
评估说明	优秀(5分):学生在该指标上表现出色,能够熟练掌握、灵活应用,并展现出较高水平。 良好(4分):学生在该指标上表现良好,能够掌握和应用,但有少量细节方面需要改进。 一般(3分):学生在该指标上表现一般,基本掌握知识和能力,但需要加强理解和应用。 需改进(2分):学生在该指标上表现较弱,掌握不足,需加强学习和提升能力				

学习情境七 ▶▶▶

检修混合动力汽车制动系统

▶ **情境描述**

　　客户的混合动力汽车在行驶中出现制动力不足、制动无助力、电子制动系统多项功能不能实现、仪表中关于制动系统的警告灯点亮等故障。作为维修技师需要通过专业理论知识和技能为客户解决以上问题，保证车辆的安全使用。

动画
混合动力汽车
制动系统坏了
怎么办

任务一 识别混合动力汽车制动系统

任务描述

　　混合动力汽车制动系统在传统汽车制动系统的功能的基础上,扩展了制动电子助力与再生制动等功能,本次任务将以典型丰田卡罗拉混合动力汽车为例学习汽车制动系统组成、结构与功能。

学习目标

　　1. 能说出混合动力汽车制动系统组成。
　　2. 能说出混合动力汽车制动系统结构。
　　3. 能阐述混合动力汽车制动系统功能。
　　4. 能按照操作规范完成制动系统保养。
　　5. 能与用户进行关于制动系统的性能方面的交流与沟通。
　　6. 能从车辆上识别制动系统零部件。

知识学习

1. 混合动力汽车制动系统概述

（1）制动系统力的传递过程

汽车制动系统力的传递经历机械传递、液压传递、机械传递三个过程。

来自驾驶人脚上的力首先由制动踏板放大,然后经助力器的二次放大作用,最后传递给主缸输入推杆;

主缸输入推杆推动活塞将机械力转化为液压力,经管路传递至制动卡钳,推动制动卡钳活塞;

制动卡钳活塞推动摩擦片与旋转的制动盘贴合,产生摩擦力,作用到车轮上产生制动力矩。

（2）电子液压制动系统特点

电子液压制动（EHB,Electronic-Hydraulic Brake）系统,是一种电子控制技术和液压传动技术相结合的汽车制动系统。电子液压制动系统通常由一个中央控制器、多个制动执行器和一个液压单元组成,其中中央控制器负责监测汽车的运动状态和驾驶人的制动指令,然后通过电子信号发送给制动执行器和液压单元。EHB系统最主要的特点是采用电子助力装置替代了传统机械制动系统的真空助力装置,实现"助力器 + 主缸 +ESP" 模块化。电子液压制动系统具有失效备份功能,当电子控制系统失效时,人力也可以提供一定的制动力。

2. 混合动力汽车制动系统组成、结构与功能

混合动力汽车制动系统由带主缸的制动助力器总成,制动助力泵总成,转速传感器、车身状态传感器等传感器与开关以及两个独立的制动回路组成。

(1) 带主缸的制动助力器总成

带主缸的制动助力器总成将制动执行器、液压制动助力器、行程模拟器和防滑控制 ECU 集成于一体。

1) 制动执行器

制动执行器由 4 个开关电磁阀、2 个线性电磁阀和 8 个控制电磁阀组成。执行带 EBD(电子制动力分配系统)的 ABS(制动防抱死系统)、制动辅助、TRC(牵引力控制系统)、VSC(车辆稳定控制系统)+ 和上坡起步辅助控制功能。运行期间,根据来自防滑控制 ECU 的信号改变制动液流动路径,从而控制施加至轮缸的液压。制动执行器如图 7-1 所示。

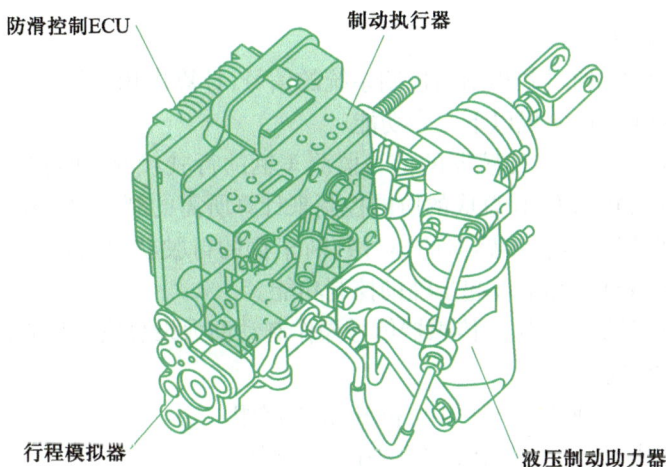

图 7-1 制动执行器

2) 液压制动助力器

液压制动助力器根据驾驶人施加到制动踏板的力度产生液压。制动系统出现故障时,液压制动助力器将液压(由施加到制动踏板的作用力产生)直接供应至轮缸。液压制动助力器如图 7-2 所示。

3) 行程模拟器

行程模拟器模拟驾驶人踩下制动踏板时,制动系统所产生的压力信号,从而检测制动系统是否正常工作。这种设备还可以用于调整制动系统的性能设置,以确保其符合安全标准和法规要求。行程模拟器如图 7-3 所示。

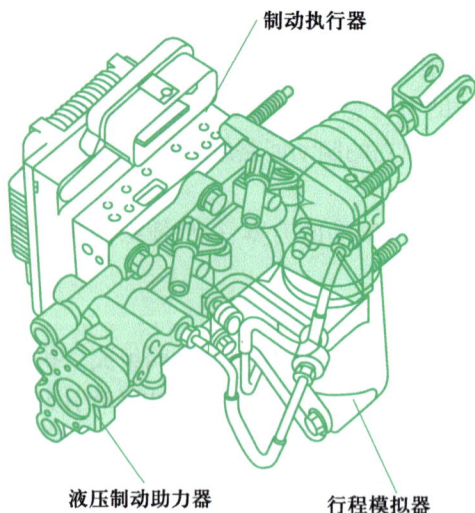

图 7-2   液压制动助力器

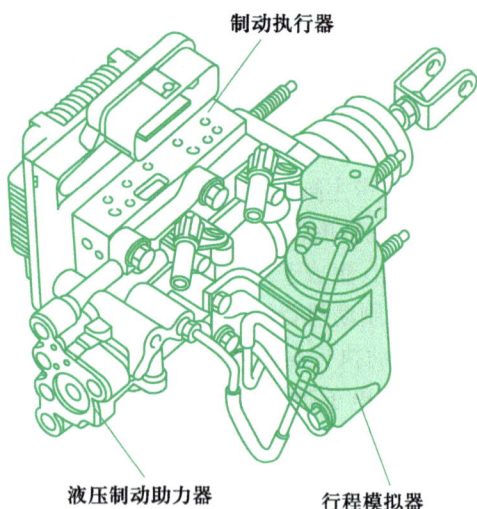

图 7-3   行程模拟器

4）防滑控制 ECU

防滑控制 ECU 通过收集制动控制系统的信号，计算出相应的控制参数并输出执行。防滑控制 ECU 可实现以下三个功能。

功能一：根据接收自传感器的信号监测车辆的行驶状况，通过与混合动力汽车控制 ECU 和动力转向 ECU 总成的协同控制来计算所需的制动力大小。

功能二：根据来自各传感器的信号判断车辆的行驶状况，控制带 EBD 的 ABS、制动辅助、TRC、VSC+ 和上坡起步辅助控制功能。

功能三：根据蓄压器压力传感器信号操作制动助力泵总成以控制蓄压器压力。

（2）制动助力泵总成

制动助力泵总成由泵、泵电动机和蓄压器组成。其用于产生液压，同时将部分液压通过蓄压器进行存储，防滑控制 ECU 用此液压控制制动，如图 7-4 所示。

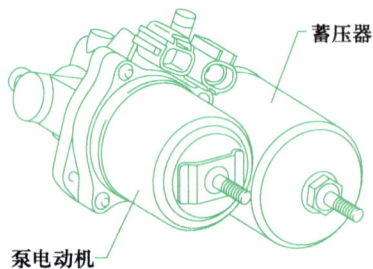

图 7-4   制动助力泵总成

（3）制动系统相关传感器与开关

制动系统相关传感器与开关工作过程如下。

① 制动液液位警告开关检测到制动液液位。

② 制动灯开关总成检测到已踩下制动踏板并将其信号传输至防滑控制 ECU，信号反映车辆是否处于制动状态。

③ 制动踏板行程传感器总成直接检测驾驶人踩下制动踏板的行程，然后传送的信号反映了制动力大小的需求，防滑控制 ECU 依据此信号控制制动力的大小，如图 7-5 所示。

④ 转速传感器检测 4 个车轮的转速，防滑控制 ECU 依据此信号计算出车轮的滑移情况，实现制动的电子控制功能。

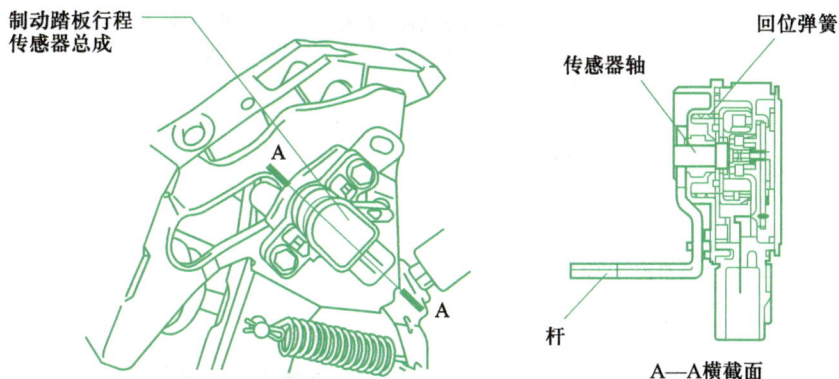

图 7-5 制动踏板行程传感器总成

⑤ 横摆率与加速度传感器检测车辆横摆率与车辆前向加速度、后向加速度及横向加速度信号,用于计算车辆的真实行驶状态,实现车辆稳定性控制功能。

(4) 混合动力车辆控制 ECU 总成

车辆控制 ECU 接收来自防滑控制 ECU 的驾驶人需求,计算实际再生制动控制值,发送至防滑控制 ECU,用于计算液压制动力的大小,实现再生制动协同控制。同时在 VSC 或 TRC 运行时,根据来自防滑控制 ECU 的输出控制请求信号控制输出动力。

(5) 混合动力汽车制动系统功能

1) 电子控制制动功能

电子控制制动系统在制动期间,液压制动助力器产生的液压并不直接驱动制动轮缸,而是用作液压信号。电子控制制动系统通过调节制动助力器泵总成的液压获得实际控制压力,从而驱动制动轮缸。

防滑控制 ECU 检测到系统有故障时,通过使用液压制动助力器增压后的液压施加制动可确保仍有制动力。电子控制制动功能如图 7-6 所示。

2) 再生制动协同控制功能

再生制动协同控制功能是通过与混合动力系统协同控制,用再生制动和液压制动提供联合制动力。该控制功能将与普通液压制动相关的动能的损失降到最低,并且通过将其转化为电能回收能量。

3) 制动防抱死功能(ABS)

ABS 通过检测车轮转速和施加单独的制动力来控制制动,从而防止车轮在用力施加制动或在光滑的路面制动时抱死,从而保持车辆稳定。制动防抱死功能如图7-7 所示。

4) 电子制动力分配功能(EBD)

EBD 根据驾驶条件利用 ABS 来实现前后轮之间制动力的合理分配。此外,转弯期间施加制动时,也可以控制左右车轮的制动力,有助于保持车辆稳定性。

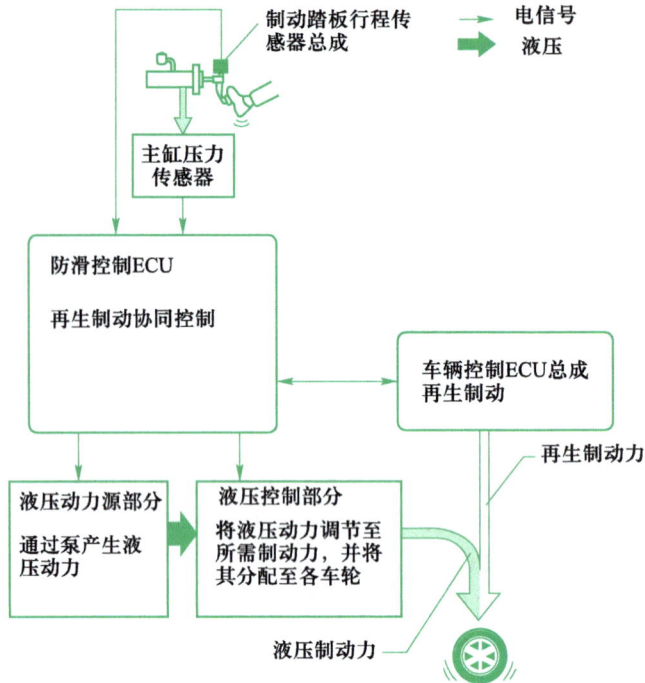

图 7-6　电子控制制动功能

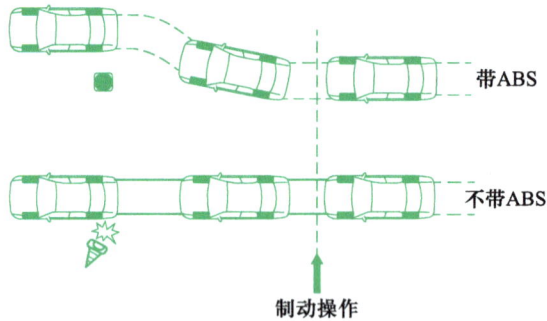

图 7-7　制动防抱死功能

5）牵引力控制功能（TRC）

TRC 通过监测车轮与路面之间的摩擦力和车辆加速度来控制动力输出，并自动调整发动机输出功率和制动力分配，以确保车轮保持最佳的牵引力和行驶稳定性。这可以帮助驾驶人更好地控制车辆，在低摩擦路面或紧急情况下防止车辆在起步或行驶时失去牵引力，减少打滑和失控的风险。牵引力控制功能如图 7-8 所示。

6）车辆稳定控制功能（VSC）

VSC 通过监测车辆姿态、转向盘角度、加速度等信息来检测车辆是否失去控制，通过调整发动机输出功率、制动力分配和车轮转速等来控制车辆的运动状态，防止车辆侧翻、偏离道路或滑行，保持车辆稳定。提高驾驶人在高速公路、湿滑路面或紧急情况下对车辆的操控能力,确保车辆行驶的安全性和稳定性。车辆稳定控制功能如图 7-9 所示。

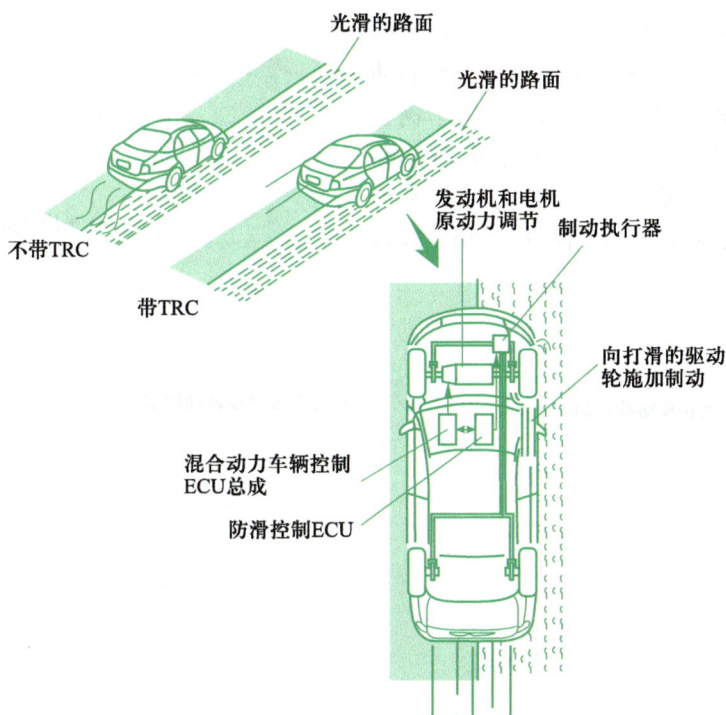

图 7-8　牵引力控制功能

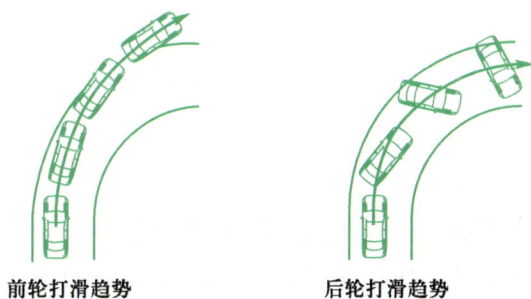

图 7-9　车辆稳定控制功能

7）VSC+ 控制功能

VSC+ 控制是在 VSC 的基础上增加了悬架调节和转向辅助等功能。通过检测车辆姿态、转向盘角度、车轮转速等信息,VSC+ 可以实时调整发动机输出功率、制动力分配和车轮转速,并根据车辆的运动状态和驾驶人的意图来进行主动悬架调节和转向辅助,以提高车辆的稳定性和操控性,并确保驾驶人对车辆的控制能力。VSC+ 控制功能如图 7-10 所示。

8）上坡起步辅助控制功能

上坡起步辅助控制功能是一种汽车安全系统,用于帮助驾驶人在上坡道路上起动车辆。在驾驶人从制动踏板上松开脚之前,该控制保持 4 个车轮上的制动液压,以暂时防止车辆倒退,保持车辆在斜坡上的固定位置,防止车辆向后溜移或失去控制,并提供更好的起步支持和稳定性。上坡起步辅助控制功能如图 7-11 所示。

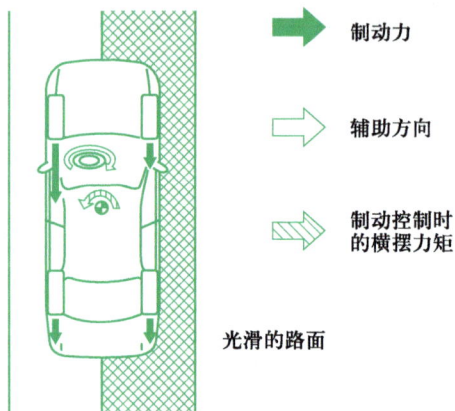

制动力

辅助方向

制动控制时的横摆力矩

光滑的路面

图 7-10　VSC+ 控制功能

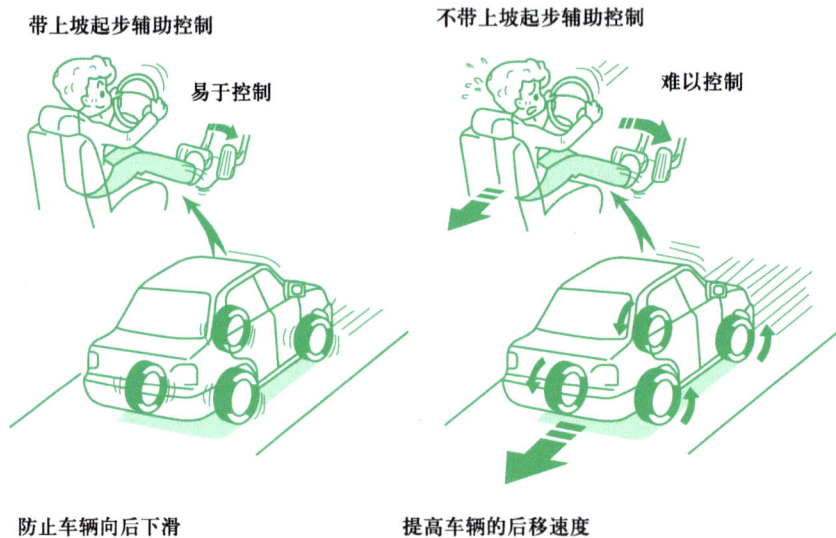

带上坡起步辅助控制　　易于控制

不带上坡起步辅助控制　　难以控制

防止车辆向后下滑　　　　提高车辆的后移速度

图 7-11　上坡起步辅助控制功能

9）紧急制动信号控制

紧急制动时,防滑控制 ECU 通过使用轮速传感器、加速度传感器和制动灯开关总成检测车辆状况和制动操作情况,判断车辆是否紧急制动。在紧急制动的情况下,紧急制动信号使所有危险警告灯自动闪烁,以降低后方车辆追尾的可能性。

知识测试

一、单项选择题

1. 汽车制动系统中将机械力转化为液压的部件是（　　　）。
   A. 制动助力器　　　　　　　　　B. 制动主缸

C. 制动卡钳　　　　　　　　　　D. 制动踏板

2. 制动卡钳活塞推动（　　　）与旋转的制动盘贴合产生摩擦力作用到车轮上产生制动力矩。

A. 制动总泵　　　　　　　　　　B. 制动模块

C. 摩擦片　　　　　　　　　　　D. 机械真空泵

3. 丰田卡罗拉混合动力汽车制动执行器由 4 个开关电磁阀、（　　　）个线性电磁阀和 8 个控制电磁阀组成。

A. 1　　　　　　B. 2　　　　　　C. 3　　　　　　D. 4

4. 电子控制制动系统通过调节（　　　）的液压获得实际控制压力，从而驱动制动轮缸。

A. 制动踏板位置　　　　　　　　B. 真空度

C. 活塞行程　　　　　　　　　　D. 制动助力器泵总成

5. （　　　）可实现防止车轮在用力施加制动或在光滑的路面制动时抱死，保持车辆稳定。

A. VSC　　　　　　　　　　　　B. ABS

C. TRC　　　　　　　　　　　　D. VSC+

6. 带主缸的制动助力器总成，将（　　　）液压制动助力器和行程模拟器集成于一体。

A. 制动执行器　　　　　　　　　B. 真空罐

C. 防滑控制 ECU　　　　　　　　D. 真空助力器

二、多项选择题

1. 防滑控制 ECU 通过使用（　　　）检测车辆状况和制动操作情况，判断车辆是否紧急制动。

A. 轮速传感器　　　　　　　　　B. 加速度传感器

C. 制动灯开关总成　　　　　　　D. 蓄压器压力

2. VSC+ 控制是在 VSC 的基础上增加了（　　　）功能。

A. 降低动力输出　　　　　　　　B. 悬架调节

C. 转向辅助　　　　　　　　　　D. 制动车轮

3. 丰田卡罗拉混合动力汽车制动系统具备（　　　）功能。

A. VSC　　　　　　　　　　　　B. ABS

C. TRC　　　　　　　　　　　　D. VSC+

4. （　　　）传感器用于计算车辆的真实行驶状态。

A. 轮速　　　　　　　　　　　　B. 加速度

C. 横摆率　　　　　　　　　　　D. 转向盘转角

任务二　分析混合动力汽车制动控制系统

任务描述

　　混合动力汽车制动控制系统通过收集传感器的信息,由控制单元依据能量回收控制、制动防抱死控制、车身稳定控制等相关要求进行计算得出对应车轮制动力的大小,实现驾驶人对车辆的控制。本次任务将学习混合动力汽车制动控制系统工作原理。

学习目标

　　1. 能分析制动控制系统工作原理。
　　2. 能分析再生制动协同工作原理。
　　3. 能分析制动防抱死系统工作原理。
　　4. 能分析车身稳定控制系统工作原理。

知识学习

1. 液压制动助力器工作原理

（1）液压制动助力升高

　　驾驶人踩下制动踏板时,制动踏板的操纵力通过动力活塞从操纵杆传输至主缸活塞。主缸油室的回位弹簧比调节活塞的回位弹簧设定负载高,因此使得调节活塞在主缸油室压缩之前向前移动。滑阀关闭通向储液罐和助力器腔的油道,并打开连通蓄压器和助力器腔的油道,使得液压施加至助力器腔,从而产生助力并进一步增强了制动踏板力。液压施加至助力器腔时,助力器克服回位弹簧力,压缩主缸并使液压升高,同时助力器腔内的液压使后轮制动器油道内的液压升高。液压制动助力上升控制如图 7-12 所示。

（2）液压制动助力保持

　　驾驶人停止进一步制动踏板且制动踏板操纵力和主缸压力平衡时,力将相应的施加至调节器活塞的前部和后部,即分别由主缸压力和调节器压力产生的力达到平衡,因此滑阀关闭助力器室和蓄压器之间的通道和至储液罐的通道,如图 7-13所示。

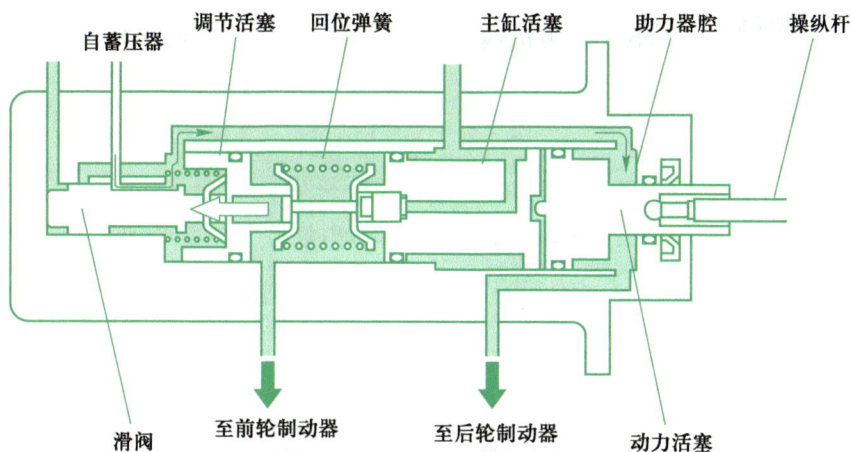

图 7-12　液压制动助力升高控制

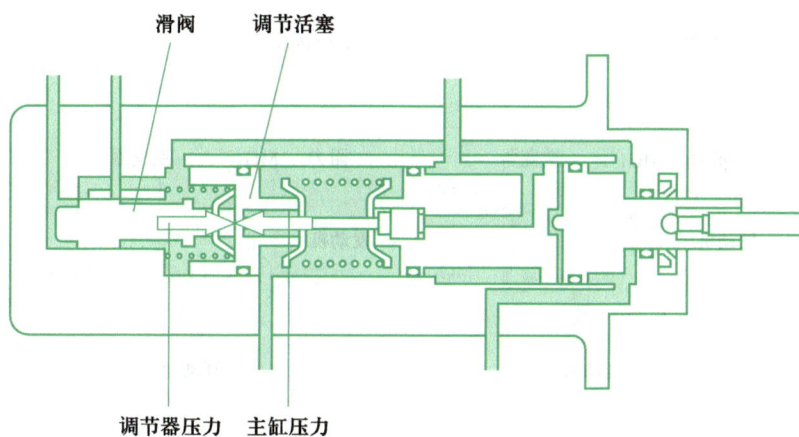

图 7-13　液压制动助力保持控制

（3）液压制动助力降低

驾驶人的制动踏板操纵力减小时，主缸压力降低。因此，施加至调节活塞返回侧的力相对变大且调节活塞和滑阀进一步向后移动，这将打开储液罐和助力器腔之间的液体通道。因此，液压制动助力器内的制动液回流至储液罐，降低了助力器腔压力并且平衡了减小的主缸压力和助力器腔压力，如图 7-14 所示。

2. 正常制动的工作原理（带再生制动协同控制）

（1）再生制动协同控制原理

再生制动是指在旋转车桥处产生一个与发电机（MG_2）旋转方向相反的阻力。产生的电流强度（蓄电池充电电流强度）越大，阻力就会越大。驱动轮与 MG_2 机械连接。驱动轮旋转 MG_2 并使其作为发电机工作时，MG_2 的再生制动力传输至驱动轮，如图 7-15 所示。

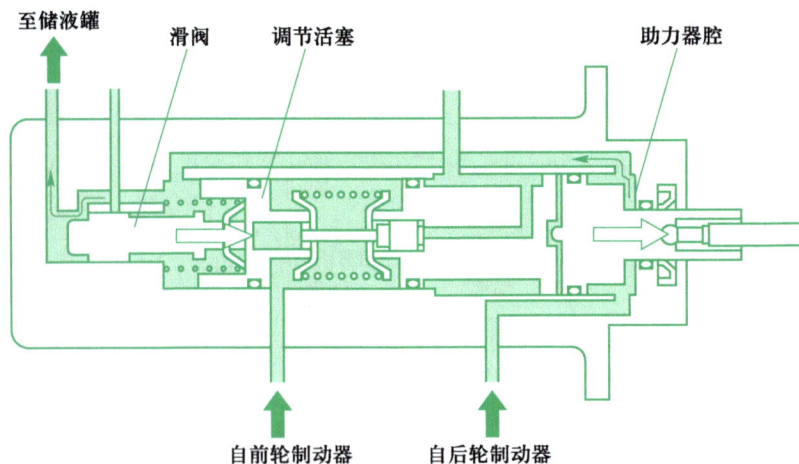

图 7-14   液压制动助力降低控制

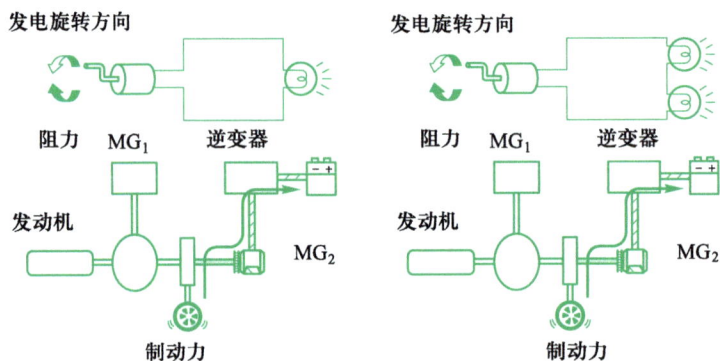

图 7-15   再生制动产生

液压制动和再生制动之间的制动力的分配随着车速和制动时间的变化而变化。通过控制液压制动完成液压制动和再生制动之间的制动力分配,使液压制动和再生制动的总制动力符合驾驶人所需的制动力。如果因混合动力系统故障导致再生制动不起作用,则制动系统执行控制,从而由液压制动系统提供驾驶人所需的全部制动力,如图 7-16 所示。

(2) 液压制动力计算

防滑控制 ECU 根据接收自主缸压力传感器和制动踏板行程传感器总成的信号计算驾驶人所需的制动力。然后防滑控制 ECU 根据所需制动力计算再生

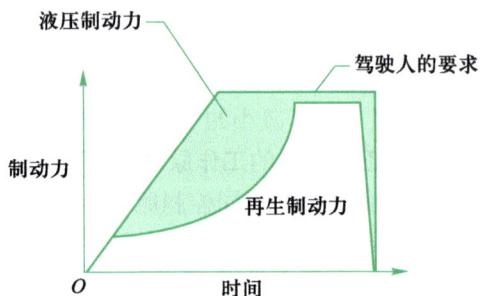

图 7-16   制动力分配变化

制动力值并将此计算值传输至混合动力车辆控制 ECU,接收到此值后,混合动力车

辆控制 ECU 会产生再生制动力。同时,混合动力车辆控制 ECU 将实际再生制动力值传输至防滑控制 ECU。防滑控制 ECU 控制电磁阀使液压制动系统产生所需制动力值(由驾驶人所需制动力的值减去再生制动力值得出)的制动力,如图 7-17 所示。

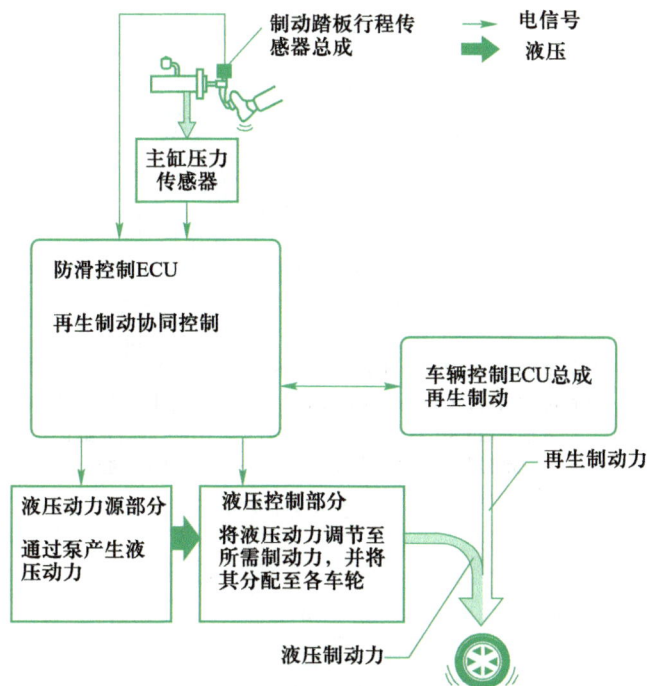

图 7-17　液压制动力计算

正常制动期间,开关电磁阀 SSC 和 SCC 打开,而开关电磁阀 SMC 和 SRC 关闭,因此从液压制动助力器至各轮缸的液压回路各自分离。在这种情况下,通过控制压力控制电磁阀 SLA 和 SLR 升高、保持和降低各轮缸压力,如图 7-18 所示。

(3)液压制动力增加

防滑控制 ECU 根据接收自主缸压力传感器和制动踏板行程传感器总成的信号计算目标轮缸压力(等于驾驶人所需的制动力)。防滑控制 ECU 将当前轮缸压力与目标轮缸压力进行比较。如果当前轮缸压力低于目标轮缸压力,则防滑控制 ECU 控制线性电磁阀 SLA 开度增大,蓄压器中的液压进入轮缸,增大制动执行器中的压力,如图 7-18 所示。

(4)液压制动力保持

防滑控制 ECU 将当前轮缸压力与目标轮缸压力进行比较。如果二者相等,则防滑控制 ECU 将线性电磁阀 SLA 开度控制在保持状态。于是,轮缸将保持恒定压力,如图 7-19 所示。

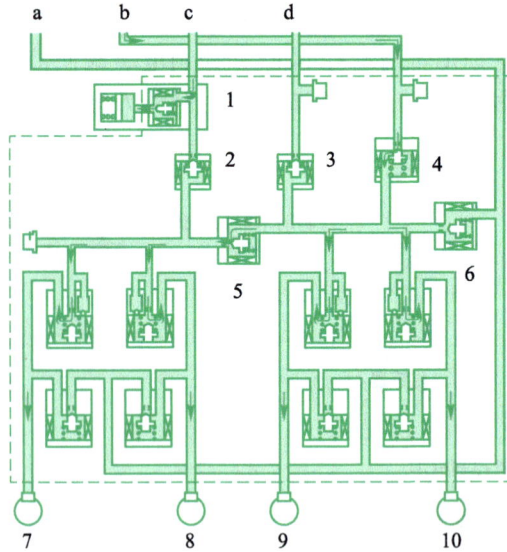

1—开关电磁阀（SSC）；2—开关电磁阀（SMC）；3—开关电磁阀（SRC）；
4—线性电磁阀（SLA）；5—开关电磁阀（SCC）；6—线性电磁阀（SLR）；
7—左前轮缸；8—右前轮缸；9—左后轮缸；10—右后轮缸；
a—储液罐；b—蓄压器；c—主缸腔；d—自助力器腔

图 7-18　液压制动力增加

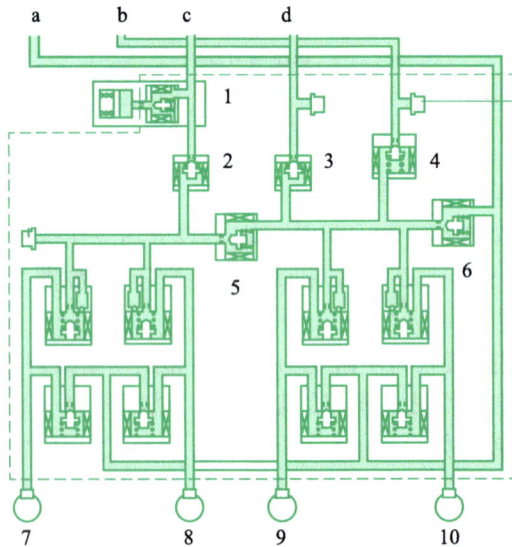

1—开关电磁阀（SSC）；2—开关电磁阀（SMC）；3—开关电磁阀（SRC）；
4—线性电磁阀（SLA）；5—开关电磁阀（SCC）；6—线性电磁阀（SLR）；
7—左前轮缸；8—右前轮缸；9—左后轮缸；10—右后轮缸；
a—储液罐；b—蓄压器；c—主缸腔；d—自助力器腔

图 7-19　液压制动力保持控制

（5）液压制动力减小

防滑控制 ECU 将当前轮缸压力与目标轮缸压力进行比较。如果当前轮缸压力高于目标轮缸压力,则防滑控制 ECU 控制线性电磁阀 SLR 开度,使制动执行器中制动液回流至储液罐,轮缸压力减小,如图 7-20 所示。

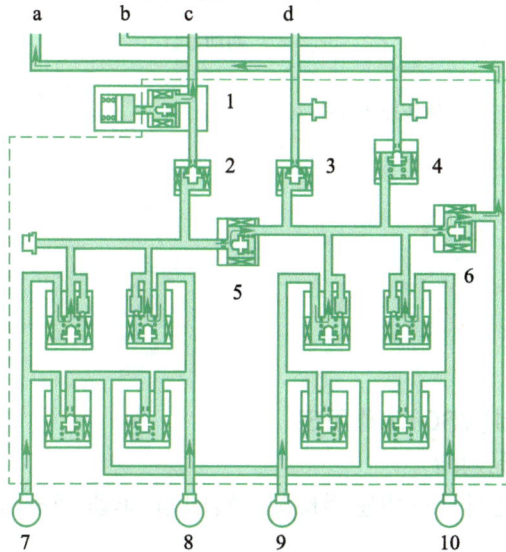

1—开关电磁阀（SSC）; 2—开关电磁阀（SMC）; 3—开关电磁阀（SRC）;
4—线性电磁阀（SLA）; 5—开关电磁阀（SCC）; 6—线性电磁阀（SLR）;
7—左前轮缸; 8—右前轮缸; 9—左后轮缸; 10—右后轮缸;
a—储液罐; b—蓄压器; c—主缸腔; d—自助力器腔

图 7-20　液压制动力减小控制

3. 带 EBD 的 ABS 的工作原理

根据从 4 个转速传感器接收到的信号,防滑控制 ECU 计算出每个车轮的转速和减速度,并检查车轮打滑情况。根据车轮打滑情况,防滑控制 ECU 以增压、压力保持和减压 3 种模式,控制压力保持阀和减压阀,以调节各轮缸的液压,如图 7-21 所示。

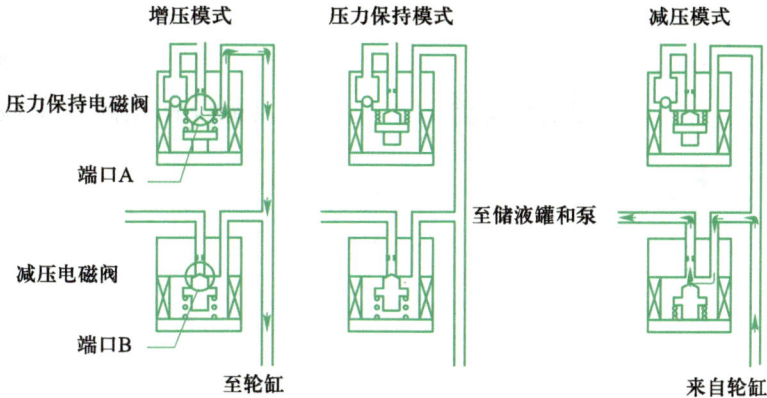

图 7-21　带 EBD 的 ABS 的工作原理

4. 制动辅助工作原理

制动辅助期间，防滑控制 ECU 根据来自主缸压力传感器的信号计算制动踏板踩踏速度和踩踏量，然后判断是否有进行紧急制动的意图。如果防滑控制 ECU 确定驾驶人试图进行紧急制动，则该功能激活制动执行器，控制线性电磁阀 SLA 开度增大，以使制动液压升高，从而增大制动力，如图 7-22 所示。

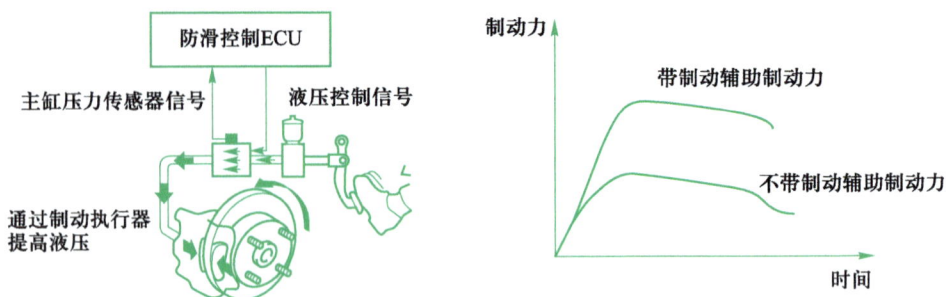

图 7-22　制动辅助工作原理

5. 车身稳定控制（VSC）工作原理

（1）车辆行驶情况判断

防滑控制 ECU 通过计算传感器检测的转向角、车速、车辆横摆率和车辆横向加速度判定车辆状况。

车辆是否处于前轮打滑状态是由目标横摆率和车辆实际横摆率的差异决定的。驾驶人转动转向盘时，如果车辆的实际横摆率小于目标横摆率（目标横摆率由车速和转向角确定），表明车辆正在以比目标行驶轨迹更大的角度转弯。由此，防滑控制 ECU 确定前轮打滑的趋势较大，如图 7-23 所示。

车辆是否处于后轮打滑状态通过车辆打滑角度和车辆打滑角速度（车辆打滑角度随时间变化）决定。车辆的打滑角度和打滑角速度均比较大时，防滑控制 ECU 确定车辆后轮打滑的趋势较大，如图 7-24 所示。

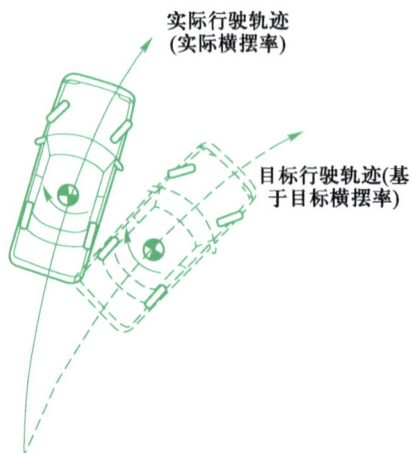

图 7-23　前轮打滑状态

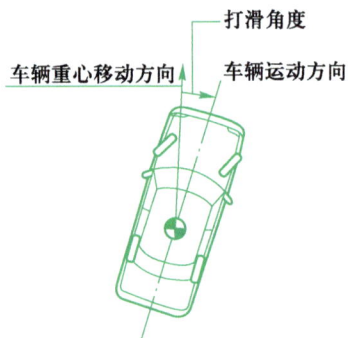

图 7-24　后轮打滑状态

车身稳定控制系统在减压模式、压力保持模式和增压模式 3 种模式下通过电磁阀控制存储在蓄压器内的液压,并将其施加至各车轮的制动轮缸,从而控制前轮或后轮的打滑趋势。

(2) 前轮打滑车身稳定控制

防滑控制 ECU 确定前轮向右打滑趋势较大时,将根据该趋势的大小采取对策,控制输出动力并向转向时处于内侧的前轮和后轮施加制动,以帮助抑制前轮打滑的趋势,如图 7-25 所示。

防滑控制 ECU 控制线性调压阀 SLA 打开,前轮和右后轮压力保持阀和减压阀按 ABS 的运行模式按通 / 断开,控制来自蓄压器的液压进入指定的制动轮缸,如图 7-26 所示。

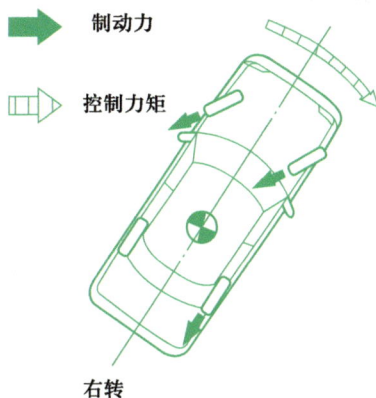

图 7-25 前轮打滑车身稳定控制

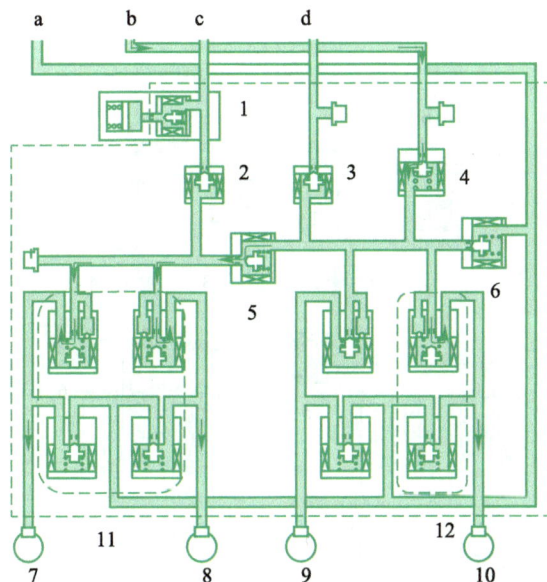

1—开关电磁阀(SSC); 2—开关电磁阀(SMC); 3—开关电磁阀(SRC);
4—线性电磁阀(SLA); 5—开关电磁阀(SCC); 6—线性电磁阀(SLR);
7—左前轮缸; 8—右前轮缸; 9—左后轮缸; 10—右后轮缸;
11—前轮压力保持阀和减压阀; 12—右后轮压力保持阀和减压阀;
a—储液罐; b—蓄压器; c—主缸腔; d—自助力器腔

图 7-26 前轮打滑制动控制

(3) 后轮打滑车身稳定控制

防滑控制 ECU 判定后轮打滑趋势大时,根据趋势的程度采取对策。它对转向时处于外侧的前轮和后轮施加制动,并依靠车辆惯性产生向外的力矩,从而抑制后轮打滑趋势,如图 7-27 所示。

防滑控制 ECU 控制线性调压阀 SLA 打开,左前轮和左后轮压力保持阀和减压阀按 ABS 的运行模式按通 / 断开,控制来自蓄压器的液压进入到制动指定的制动轮缸,如图 7-28 所示。

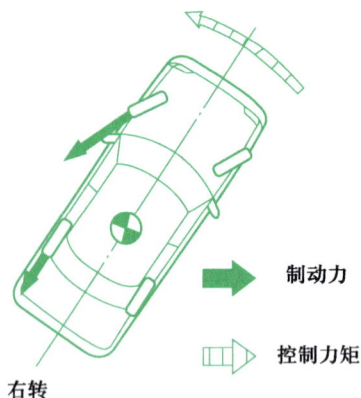

制动力

控制力矩

右转

图 7-27   后轮打滑车身稳定控制

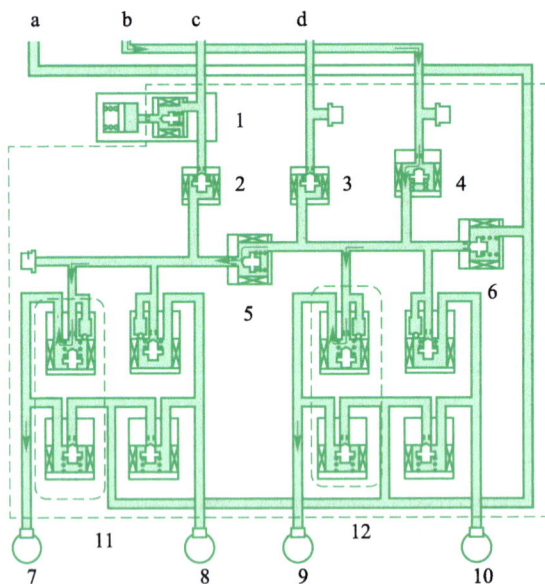

1—开关电磁阀(SSC);2—开关电磁阀(SMC);3—开关电磁阀(SRC);
4—线性电磁阀(SLA);5—开关电磁阀(SCC);6—线性电磁阀(SLR);
7—左前轮缸;8—右前轮缸;9—左后轮缸;10—右后轮缸;
11—前轮压力保持阀和减压阀;12—右后轮压力保持阀和减压阀;
a—储液罐;b—蓄压器;c—主缸腔;d—自助力器腔

图 7-28   后轮打滑制动控制

6. 上坡起步辅助工作原理

驾驶人松开制动踏板时,防滑控制 ECU 根据换挡杆位置信号(前进和倒退)、轮速信号(车辆静止)、加速踏板信号(未踩下加速踏板)与驻车制动信号(解除驻车制动)判定激活上坡起步辅助控制。通过操作线性电磁阀 SLA 关闭来帮助保持 4 个车轮的液压,直至踩下加速踏板。

知识测试

一、单项选择题

1. 驾驶人踩下制动踏板,液压制动助力上升时,滑阀打开的油道,使得液压施加至(   )。
   A. 主缸油室和助力器腔   B. 蓄压器和主缸油室
   C. 储液罐和助力器腔   D. 蓄压器和助力器腔

2. 驾驶人的制动踏板操纵力减小时,滑阀进一步向后移动,这将打开(   )之间的液体通道。
   A. 主缸油室和助力器腔   B. 蓄压器和主缸油室
   C. 储液罐和助力器腔   D. 蓄压器和助力器腔

3. 液压制动和再生制动之间的制动力的分配随着(   )和制动时间的变化而变化。
   A. 电机温度   B. 发动机温度
   C. 车速   D. 发动机转速

4. 制动时所需再生制动力值由(   )计算。
   A. 防滑控制 ECU   B. 车辆控制 ECU
   C. 电池管理 ECU   D. 发动机 ECU

5. 轮缸压力低于目标轮缸压力,则防滑控制 ECU 控制线性电磁阀(   )。
   A. SLA 开度增大   B. SLA 开度减少
   C. SLR 开度增大   D. SLR 开度减少

二、多项选择题

1. 正常制动期间,通过控制压力控制电磁阀(   )升高、保持和降低各轮缸压力。
   A. SSC   B. SMC   C. SLA   D. SLR

2. 制动抱死控制时防滑控制 ECU 根据车轮打滑情况,以(   )模式,控制压力保持阀和减压阀,以调节各轮缸的液压。
   A. 增压   B. 压力保持   C. 减压   D. 调压

3. 防滑控制 ECU 判定后轮向左打滑趋势大时,防滑控制 ECU 控制线性电磁阀 SLA 打开,(   )压力保持阀和减压阀 ABS 的运行模式按通/断开,控制来蓄压器的液压进入到制动指定的制动轮缸。
   A. 左前轮   B. 左后轮   C. 右前轮   D. 右后轮

4. 车身稳定控制时,防滑控制 ECU 通过计算传感器检测的(　　　　)参数判定车辆状况。

A. 转向角　　　　　　　　　　B. 车速

C. 车辆横摆率　　　　　　　　D. 车辆横向加速度

5. 驾驶人松开制动踏板时,防滑控制 ECU 根据(　　　　)信号判定是否激活上坡起步辅助控制。

A. 换挡杆位置　　　　　　　　B. 轮速

C. 加速踏板　　　　　　　　　D. 驻车制动信号

任务三　检修混合动力汽车制动助力装置

任务描述

混合动力汽车制动系统使用电动真空泵、电子液压泵和电机进行助力,解决了混合动力汽车发动机不能持续运转,无法使用进气歧管真空或发动机驱动的真空泵产生的真空进行持续助力的弊端。本次任务将学习电动真空泵制动助力装置、电子液压泵制动助力装置和电动制动助力装置的作用、组成与控制原理,检修制动助力的相关故障。

学习目标

1. 能说出电动真空泵制动助力装置的作用、组成与控制原理。
2. 能说出电动液压泵制动助力装置的作用、组成与控制原理。
3. 能说出电动制动助力装置的作用、组成与控制原理。
4. 能按照操作规范完成混合动力汽车制动助力装置检修。

知识学习

1. 电动真空泵制动助力装置

(1) 电动真空泵制动助力装置作用与组成

电动真空泵制动助力装置由电动真空泵产生真空并储存在真空储存罐中,为真空助力器持续提供真空源。电动真空泵制动助力装置主要由电动真空泵、真空管、单向阀、真空储存罐、真空助力器、整车控制单元(VCU)、真空压力传感器等组成,如图 7-29 所示。

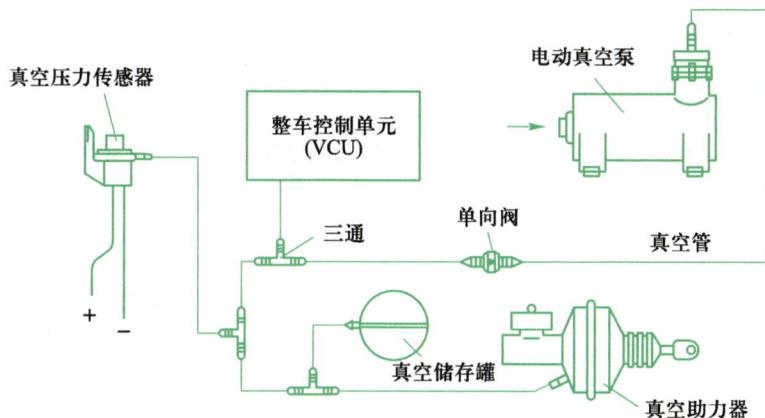

图 7-29　电动真空泵制动助力装置组成

① 电动真空泵主要由电机、叶轮、泵体、接口、控制器等部分组成。电机提供驱动力,使叶轮旋转,从而产生真空。泵体内设置了一系列的叶轮和定子,通过旋转产生一定的气流,从而将气体吸入泵体,并逐渐排出,形成真空。

② 真空储存罐主要用于存储电动真空泵产生的真空,使真空助力器工作时能够快速地建立压力,同时避免电动真空泵长时间工作使得耗能增大、寿命缩短。

③ 真空助力器是一种车辆制动系统的增压装置,通过负压来提高制动系统的压力,从而增强制动效果。其作用是在不增加制动踏板力的情况下提供更强的制动力,减少驾驶人对制动踏板的压力,提高行车安全性能。

④ 单向阀利用单向导通的特点防止外部空气进入真空储存罐。

⑤ 真空管用于连接电动真空泵、真空储存罐、真空助力器。

⑥ 真空压力传感器用于监测真空储存罐内的真空压力,将信号传输到 VCU,其传输信号是控制电动真空泵动作的主要信号。

⑦ VCU 用于接收真空压力传感器信号,通过计算对真空泵进行控制。

（2）电动真空泵制动助力装置控制原理

混合动力汽车低压上电后,VCU 进行自检,通过真空压力传感器收集真空储存罐内的真空度信息,小于压力设定值 50 kPa 时,控制电动真空泵转动;当真空度达到 75 kPa 后,控制电动真空泵停止转动。当真空消耗,真空度低于 50 kPa 时,电动真空泵再次工作,如图 7-30 所示。

2. 电动液压泵制动助力装置

（1）电动液压泵制动助力装置作用与组成

电动液压泵制动助力装置由电动液压泵产生液压并储存在蓄压器中,为制动助力器持续提供液压。电动液压泵制动助力装置主要由制动助力器泵总成、液压制动助力器、蓄压器压力传感器与防滑控制 ECU 组成,如图 7-31 所示。

① 制动助力器泵总成由泵、泵电动机和蓄压器组成,采用柱塞型泵。泵由电动机驱动的凸轮轴带动运转,以向蓄压器提供高压液体。蓄压器内密封并充满高压氮

气,如图 7-32 所示。

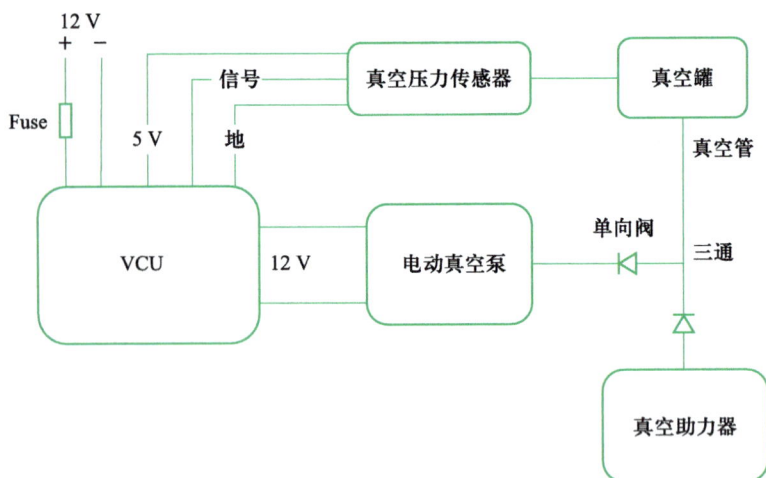

图 7-30   电动真空泵制动助力装置控制原理

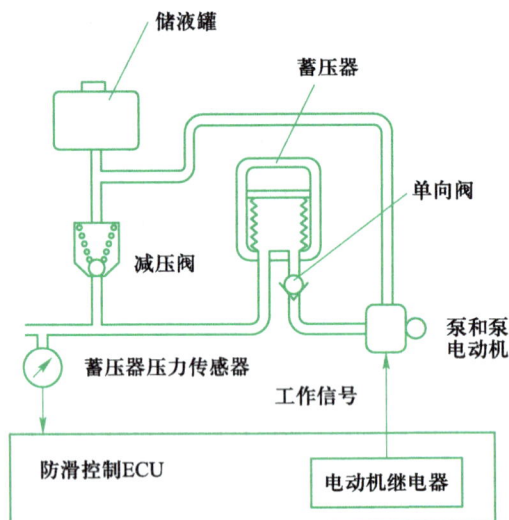

图 7-31   电动液压泵制动助力装置组成

② 液压制动助力器用于调整制动助力,由直接连接至制动踏板的操纵杆、动力活塞、主缸活塞、调节活塞和切换制动液通道的滑阀组成。

③ 蓄压器压力传感器用于监测蓄压器内的液压压力,防滑控制 ECU 接收其发送的信号,通过计算,对制动助力器泵进行控制。

④ 防滑控制 ECU 收集蓄压器压力传感器信号,对制动助力器泵进行控制。

(2) 电动液压泵制动助力装置控制原理

蓄压器压力传感器持续监测蓄压器内的压力并将其传输至防滑控制 ECU。如果蓄压器压力低于设定压力,则防滑控制 ECU 将激活信号发送至电动机继电器以驱动泵电动机,直到蓄压器内的压力达到设定压力。

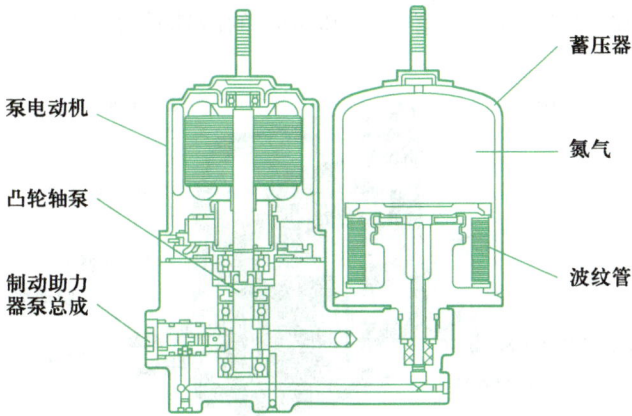

图 7-32　制动助力器泵总成结构

如果蓄压器压力降至 ECU 的设定压力值以下,则防滑控制 ECU 使制动警告灯显示红色(故障)或黄色(轻微故障)、ABS 警告灯和打滑指示灯点亮。然后,组合仪表分总成内的蜂鸣器鸣响以提醒驾驶人液压异常。

3. 电动制动助力装置 iBooster

(1)电动助力制动装置 iBooster 作用与组成

iBooster(Intelligent Booster)是一种不依赖真空源的制动助力装置,由电机控制进行智能助力。iBooster 主要包括助力电机和控制器、助力传动机构、制动推杆、制动主缸、踏板行程传感器等部件,如图 7-33 所示。

图 7-33　iBooster 组成

① 助力电机产生转矩,通过助力传动机构与制动推杆转递至制动主缸产生

助力。

② 第一代 iBooster 为两级减速装置,助力电机的转矩通过蜗轮蜗杆,进行第一级减速,并改变运动方向,再通过第二级齿轮齿条减速机构,将电机的转动力矩转变为轴向推力,如图 7-34 所示。第二代 iBooster 的减速传动装置改为一级滚珠丝杠传动。

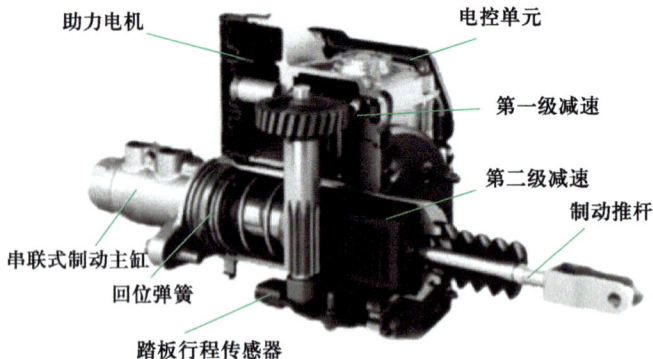

图 7-34　第一代 iBooster 结构

③ 制动主缸将电机的助力转矩转换为液压,通过液压油将压力传输到制动器。

④ 踏板行程传感器监测制动踏板行程,用于计算电机助力转矩大小。

(2) iBooster 工作原理

当驾驶人踩下制动踏板,整车控制器会根据制动踏板行程及汽车加速度信号计算前、后轴制动力,参考车辆运动、电机及电池状态参数,计算出电机助力期望值。

iBooster 控制单元进行制动力计算,控制电机运动,并将助力传递给制动推杆。制动系统的液压控制单元进行前、后轴制动压力分配,并将制动压力传给制动轮缸。

当制动减速度小于某个阈值,电机控制器控制电机进行再生制动。再生制动力可随车速、电机转速、电池容量等参数实时变化调整。

4. 混合动力汽车制动助力装置检修方法

混合动力汽车制动助力装置融入带 EBD 的 ABS 中,其主要部件有制动真空泵、轮速传感器和制动压力调节器,这里主要介绍带 EBD 的 ABS 的制动助力装置的初步诊断和部件检修。

(1) 制动真空助力系统电路基本检查

① 检查制动系统的机械部件有无漏油,若有则需要及时进行维修。

② 检查制动系统中制动压力调节器、轮速传感器等的插接器是否存在退针、损坏、脱落等损坏现象,若有应及时进行处理,主要是进行修复或更换。

(2) 制动系统初步诊断

连接诊断仪读取制动系统的故障码和数据信息,根据数据流分析其具体工况,主要需要读取的数据包括:真空泵状态、真空压力值、真空压力报警、真空泵工作时间等。

（3）制动系统部件检测

1）电动真空泵检测

① 电动真空泵基本检查。

a. 检查电动真空泵是否有裂纹、破损等现象。

b. 检查管路密封性：检查电动真空泵与真空管路之间的接头是否连接正常或者有破损，若存在问题则管路密封性不好，必要时需要更换。

c. 检查电机插接头：若连接线折断或插头连接处脱焊，应更换连接线。

② 制动真空泵电气检测。

a. 检查电动真空泵电机电阻：用万用表检测电动真空泵电机电阻是否在正常范围以内，正常为 2~15 Ω，若异常则需要及时更换电动真空泵。

b. 检查电动真空泵电机工作电压：用万用表检测电动真空泵电机工作电压，正常应该在 10~16 V，若异常则需要及时更换。

2）轮速传感器检测

① 基本检查。

目视检查轮速传感器是否安装到位。正常情况下螺栓应正确紧固，传感器与安装座之间应无间隙。

② 轮速传感器电气检测。

a. 检测转矩传感器的供电电压，查看其是否正常，转矩传感器的供电电压约为 5 V 左右，若不正常应进行下一步检修。

b. 若转矩传感器供电电压正常则检测其信号，需要断开转矩传感器的插接器，用万用表检测转矩传感器的信号线电阻，正常应小于 0.5 Ω。

c. 检查轮速传感器是否损坏，可以用替换法或者测量传感器电阻，轮速传感器内阻在 3~5 MΩ。

③ 轮速传感器机械检测。

a. 检查轮速传感器与齿圈间隙。

用塞尺或其他工具检查轮速传感器与齿圈间隙正确与否，前轮轮速传感器间隙最大为 1.2 mm；后轮轮速传感器间隙最大为 0.9 mm。

b. 检查齿圈状态。

检查轮速传感器齿圈是否有损坏、缺齿和异物，如果夹有异物，应清理后装回，并检查其输出波形是否正常。

3）制动压力调节器基本检查

检查液压调节器和制动管路及连接器是否有泄漏。

若制动系统相关部件的检测数值不在规定的范围内，请进一步检测确认故障，并根据故障点进行维修，具体检测标准见表 7-1。

表 7-1　制动系统检查标准

检修内容	标准值范围
制动盘厚度	标准值为 27.9~28.1 mm；大维修极限为 26 mm
径向跳动量	最大为：0.05 mm
制动摩擦片厚度	标准值为 18~18.5 mm；大维修极限为：8.5 mm
电动真空泵电机电阻	0.3 Ω
制动衬块厚度	标准厚度是 12.0 mm；小厚度 1.0 mm
齿圈齿数	48
轮速传感器内阻	3~5 MΩ
轮速传感器与齿圈气隙	前轮 0.1~0.9 mm；后轮 0.2~0.7 mm

知识测试

一、单项选择题

1. 电动真空泵制动助力装置由（　　）产生真空并储存在真空储存罐中，为真空助力器持续提供真空源。
　　A. 机械泵　　　　　　　　　　B. 电动泵
　　C. 空气压缩机　　　　　　　　D. 发动机

2. 电动真空泵制动助力装置控制真空泵动作的主要信号是（　　）。
　　A. 真空储存罐压力　　　　　　B. 车速
　　C. 动力电池电压　　　　　　　D. 制动压力

3. 电动液压泵制动助力装置产生（　　）储存在蓄压器中。
　　A. 气压　　　　B. 电压　　　　C. 液压　　　　D. 真空

4. 电动液压泵制动助力装置控制电动真空泵动作的主要信号是（　　）。
　　A. 制动踏板行程　　　　　　　B. 蓄压器油压
　　C. 制动管路油压　　　　　　　D. 真空压力

5. iBooster 用（　　）进行制动助力。
　　A. 真空　　　　B. 电机　　　　C. 液压　　　　D. 气压

二、多项选择题

1. 电动真空泵制动助力装置主要由（　　）等组成。
　　A. 电动真空泵　　　　　　　　B. 真空罐
　　C. 真空泵控制器　　　　　　　D. 真空助力器

2. 电动真空泵制动助力装置中的真空管用于连接（　　）。
　　A. 制动总泵　　　　　　　　　B. 电动真空泵

　　　　C. 真空储存罐　　　　　　　　D. 真空助力器
3. 电动液压泵制动助力装置主要由（　　　　　）组成。
　　　　A. 制动助力器泵总成　　　　　B. 液压制动助力器
　　　　C. 蓄压器压力传感器　　　　　D. 防滑控制 ECU
4. 制动助力器泵总成主要由（　　　　　）和蓄压器组成。
　　　　A. 泵　　　　　　　　　　　　B. 泵电动机
　　　　C. 蓄压器压力传感器　　　　　D. 防滑控制 ECU
5. iBooster 主要包括（　　　　　）等部件。
　　　　A. 助力电机　　　　　　　　　B. 踏板行程传感器
　　　　C. 助力传动机构　　　　　　　D. 制动推杆

学习情境七工作页

任务工单一：识别混合动力汽车制动系统

姓名		学号	
指导教师		工位	

1. 在实训用混合动力汽车中找到下列的制动系统部件并写出相关部件的作用（根据具体实训车辆完成下方作业单）。

序号	部件名称	安装位置	作用
1	制动执行器		
2	液压制动助力器或制动总泵		
3	防滑控制 ECU		
4	制动助力泵总成		
5	制动液液位警告开关		
6	转速传感器		
7	横摆率与加速度传感器		
8	制动轮缸		

2. 写出制动系统力的传递过程。

3. 查阅资料，写出下列制动系统控制的主要功能。
（1）电子控制制动功能。

（2）再生制动协同控制功能。

（3）制动防抱死功能（ABS）。

(4) 牵引力控制功能(TRC)。

(5) 车辆稳定控制功能(VSC)。

4. 根据维修手册完成制动液更换计划编写并实施(内容要求包含高压电操作注意事项、场地要求、拆装步骤、工具要求、操作规范)。

任务工单二：检修混合动力汽车制动控制系统

姓名		学号	
指导教师		工位	

1. 根据实训混合动力汽车信息,确定车辆制动系统的类型,并写出制动助力升高的工作过程。

2. 混合动力汽车再生制动是如何产生的?

3. 混合动力汽车制动系统如何计算液压制动力?

4. 查询资料,以丰田混合动力汽车制动系统为例,写出混合动力汽车如何提高液压制动力。

5. 请写出 ABS 工作原理。

6. 请写出车身稳定控制(VSC)如何判断车辆行驶时是否有前轮打滑的趋势。

7. 使用故障诊断仪检测制动系统数据,填入下表。

序号	测量项目	数据	结果分析与判断
1	制动灯开关总成		
2	驻车制动开关总成		
3	制动液液位警告开关		
4	换挡杆位置信息		
5	制动踏板行程传感器总成 1		
6	制动踏板行程传感器总成 2		
7	蓄压器压力传感器		
8	横摆率传感器		
9	横向加速度		
10	前向和后向加速度		
11	右前轮转速传感器		
12	左前轮转速传感器		
13	右后轮转速传感器		
14	左后轮转速传感器		
15	轮缸压力传感器		
16	线性电磁阀 SLA 电流		
17	线性电磁阀 SLR 电流		
18	车轮目标液压		

8. 查询实训混合动力汽车维修电路图,绘制制动系统电路图(要求电路完整,端子号清晰)。

9. 排除混合动力汽车制动系统故障指示灯点亮的故障(要求内容包含确认故障现象、分析故障原因、确定故障范围、排除故障、故障机理分析 5 个部分)。

任务工单三：检修混合动力汽车制动助力装置

姓名		学号	
指导教师		工位	

1. 在实训混合动力汽车中找到下列制动助力装置部件并写出相关部件的作用（根据具体实训车辆完成下方作业单）。

序号	助力装置类型	部件名称	作用
1	电动真空泵制动助力装置	电动真空泵	
		真空储存罐	
		真空助力器	
		真空压力传感器	
2	电动液压泵制动助力装置	制动助力器泵总成	
		液压制动助力器	
		蓄压器压力传感器	
3	电动制动助力装置	助力电机	
		助力传动机构	
		制动踏板行程传感器	
		制动主缸	

2. 请写出电动真空泵制动助力装置控制原理。

3. 请写出电动液压泵制动助力装置控制原理。

4. 请写出电动制动助力装置工作原理。

5. 查询实训混合动力汽车维修电路图,绘制制动助力控制电路图(要求电路完整,端子号清晰)。

6. 排除混合动力汽车制动助力装置的故障(要求内容包含确认故障现象、分析故障原因、确定故障范围、排除故障、故障机理分析 5 个部分)。

评价表一：识别混合动力汽车制动系统

评估指标	评估内容	优秀	良好	一般	需改进
学科知识掌握	了解混合动力汽车制动系统组成与结构				
	了解混合动力汽车制动系统功能				
	掌握混合动力汽车制动系统工作原理				
	熟悉混合动力汽车制动系统零部件安装位置				
	熟悉混合动力汽车制动系统保养流程				
	掌握运用维修手册的方法				
问题解决能力	能够检查与保养制动系统				
创新思维	在维修过程中提出关于保证安全、质量、满意度的创造性方案				
沟通和合作能力	有效向他人解释技术				
	能够有效协同合作				
	参与小组项目和团队活动主动性				
自主学习和持续进步	学习态度与动力				
	学习方法与策略				
	信息获取与分析				
	自我评价与反思				
评估说明	优秀(5分)：学生在该指标上表现出色，能够熟练掌握、灵活应用，并展现出较高水平。 良好(4分)：学生在该指标上表现良好，能够掌握和应用，但有少量细节方面需要改进。 一般(3分)：学生在该指标上表现一般，基本掌握知识和能力，但需要加强理解和应用。 需改进(2分)：学生在该指标上表现较弱，掌握不足，需加强学习和提升能力				

评价表二：检修混合动力汽车制动控制系统

评估指标	评估内容	优秀	良好	一般	需改进
学科知识掌握	了解电子控制制动系统工作原理				
	了解再生制动协同工作原理				
	了解制动防抱死系统工作原理				
	了解车身稳定控制系统工作原理				
	掌握故障排除 5 步法				
	掌握运用维修手册的方法				
问题解决能力	能够排除电子控制制动系统故障				
	能够排除制动防抱死系统故障				
	能够排除车身稳定控制系统故障				
创新思维	依据测量结果，对故障排除 5 步法进行灵活运用				
	在维修过程中提出关于保证安全、质量、满意度的创造性方案				
沟通和合作能力	有效向他人解释技术				
	能够有效协同合作				
	参与小组项目和团队活动主动性				
自主学习和持续进步	学习态度与动力				
	学习方法与策略				
	信息获取与分析				
	自我评价与反思				
评估说明	优秀(5分)：学生在该指标上表现出色，能够熟练掌握、灵活应用，并展现出较高水平。 良好(4分)：学生在该指标上表现良好，能够掌握和应用，但有少量细节方面需要改进。 一般(3分)：学生在该指标上表现一般，基本掌握知识和能力，但需要加强理解和应用。 需改进(2分)：学生在该指标上表现较弱，掌握不足，需加强学习和提升能力				

评价表三：检修混合动力汽车制动助力装置

评估指标	评估内容	优秀	良好	一般	需改进
学科知识掌握	了解电动真空泵制动助力装置的作用与组成				
	了解电动液压泵制动助力装置的作用与组成				
	了解电动制动助力装置的作用与组成				
	理解电动真空泵制动助力装置控制原理				
	理解电动液压泵制动助力装置的控制原理				
	理解电动制动助力装置的控制原理				
	掌握故障排除5步法				
	掌握运用维修手册的方法				
问题解决能力	能够排除电动真空泵制动助力装置故障				
	能够排除电动液压泵制动助力装置故障				
	能够排除电动制动助力装置故障				
创新思维	依据测量结果，对故障5步法进行灵活运用				
	在维修过程中提出关于保证安全、质量、满意度的创造性方案				
沟通和合作能力	有效向他人解释技术				
	能够有效协同合作				
	参与小组项目和团队活动主动性				
自主学习和持续进步	学习态度与动力				
	学习方法与策略				
	信息获取与分析				
	自我评价与反思				
评估说明	优秀(5分)：在该指标上表现出色，能够熟练掌握、灵活应用，并展现出较高水平。良好(4分)：在该指标上表现良好，能够掌握和应用，但有少量细节方面需要改进。一般(3分)：学生在该指标上表现一般，基本掌握知识和能力，但需要加强理解和应用。需改进(2分)：学生在该指标上表现较弱，掌握不足，需加强学习和提升能力				

参考文献

［1］陈社会.混合动力汽车构造与维修［M］.2版.北京：机械工业出版社，2021.

［2］陈健健，李春鹏，谢军.新能源汽车动力电池及电池管理系统检修［M］.北京：高等教育出版社，2022.

［3］申荣卫.混合动力汽车拆装与检测［M］.北京：机械工业出版社，2023.

［4］赵振宁.新能源汽车技术概论［M］.北京：机械工业出版社，2022.

读者意见反馈

为收集对教材的意见建议,进一步完善教材编写并做好服务工作,读者可将对本教材的意见建议通过如下渠道反馈至我社。

咨询电话　400-810-0598
反馈邮箱　gjdzfwb@pub.hep.cn
通信地址　北京市朝阳区惠新东街4号富盛大厦1座
　　　　　高等教育出版社总编辑办公室
邮政编码　100029